NIÑOS ÍNDIGO

Nuevos seres
para una nueva Tierra

EDITORIAL
kier

*Desde 1907 un sello positivo
para un mundo que merece serlo*

NIÑOS ÍNDIGO

Nuevos seres
para una nueva Tierra

Sandra Aisenberg
Eduardo Melamud

QUINTA EDICION

COLECCIÓN

infinito

291.4   Aisemberg, Sandra
AIS   Niños Índigo / Sandra Aisemberg y Eduardo Melamud.
        1ª. ed. 5ª. reimp. - Buenos Aires: Kier, 2003.
        160 p. ; 20x14 cm.- (Infinito)

        ISBN 950-17-7002-8

        I. Melamud, Eduardo II. Título - 1. Espiritualidad

Diseño de tapa:
IN JAUS / Carlos Rossi
Director de la Colección:
Darío Bermúdez
Foto de tapa:
Isidoro Rubini
Diagramación de Interiores:
Mary Suárez
Sitio web de Infinito:
www.infinito.com
LIBRO DE EDICION ARGENTINA
Queda hecho el depósito que marca la ley 11.723
© 2003 by Editorial Kier S.A., Buenos Aires
Av. Santa Fe 1260 (C 1059 ABT), Buenos Aires, Argentina.
Tel: (54-11) 4811-0507   Fax: (54-11) 4811-3395
http://www.kier.com.ar - E-mail: info@kier.com.ar
Impreso en la Argentina
Printed in Argentina

Agradecimientos

Agradecemos al universo por habernos traído esta maravillosa oportunidad, y a todos los seres que conspiraron para que podamos materializarla.

A nuestros padres y familias, por su infinita paciencia.

A Tobías y Ludmila, por la inspiración.

A Guille, por su apoyo incondicional.

A Laura, que nos trajo el orden creativo.

A Darío, por haber confiado en nosotros.

A todos los que nos brindaron sus testimonios y compartieron sus experiencias de vida.

Y especialmente a los niños, que nos buscaron para transmitir su mensaje y permitirnos aprender de ellos.

"¿Cómo proceder frente a estos seres que traen en sí el código de una Nueva Humanidad? Simplemente acompañarlos, contemplarlos, dejando fluir en ellos lo que su verdadera esencia quiere manifestar. No hay nada que pueda hacer la familia o el entorno para modificar la tarea de estas almas. Sólo resta permanecer atentos, dispuestos a aceptar sus inclinaciones innatas, sin interferencias, sin temores, sin trabas…"

"La cura planetaria"

Anikha

*Palabras preliminares
a la presente Colección*

ASOMBRO CONSTANTE

En este preciso momento, mundos invisibles cruzan en silencio nuestra realidad, moldeándola como si fuera de arcilla y manejándola como una marioneta. La sospecha se confirma: un aprendizaje mayor espera ser develado a cada instante.

Mientras la ciencia misma se abre a un nuevo paradigma, se redescubren flamantes caminos milenarios. En busca de la libertad que da el conocimiento, cada vez más personas se interesan por una cirugía existencial. Ya no se cae en el error de *ajustar el territorio al mapa*, sino al revés. Los dogmas se dejan de lado y la exploración extiende los horizontes, con amplitud y a la vez con rigor.

Por consiguiente, hay una atracción por analizar el reverso del mundo, ese "revés de la trama" que guarda tanta información útil para la vida cotidiana.

¿Quién mejor que el único canal de TV dedicado las 24 horas a indagar "el otro lado" de la realidad, junto a la editorial más reconocida del sector en toda Hispanoamérica para hacerlo posible?

Es muy probable que seamos más sobrenaturales de lo que estamos dispuestos a admitir. En este escenario, la búsqueda se vuelve encuentro, una especie de coartada para evolucionar en algún sentido.

Esta serie de títulos ofrece la visión de especialistas e investigadores que favorecen la apertura de conciencia, reformulando tópicos de pensamiento, propiciando hallazgos y facilitando el ingreso en los misterios y las enseñanzas que el canal pone a diario en pantalla. Acercando no sólo respuestas, sino también los interrogantes adecuados.

El lector encontrará señales para mejorar el estado atlético de la reflexión y la evaluación, y así llegar después a la experiencia, individual e intransferible.

Es muy placentero contribuir a abrir la mente. Agradezco la confianza de los directores del canal Infinito y de la editorial Kier para concretar este proyecto, y la disposición de los autores hacia el objetivo común. Bienvenidos.

Darío Bermúdez
Director de la Colección
Buenos Aires, marzo 2003

Prólogo

Evidencias en distintas partes del mundo parecen demostrar que nuevos seres están llegando al planeta con un nivel mucho más alto de conciencia. Vienen a "cambiar", a construir, a echar por tierra lo obsoleto para enseñarnos una nueva visión de todo, con una materia prima revolucionariamente obvia: el amor.

Se equivoca si piensa que tiene en sus manos un libro sobre niños: se trata de un libro sobre la condición humana. Cada uno de nosotros renace con cada nuevo ser que llega; el mecanismo de la humanidad se recicla a sí mismo a través de *engranajes* vivos. La rueda sigue, buscando su mejor forma de expresión.

La gente lo dice a su manera: "los chicos ya no son los de antes". Ensayamos justificaciones sin peso, hasta que este tipo de análisis nos abre los ojos a una posibilidad transformadora.

Sin intentar ser un trabajo definitivo sobre los Niños Índigo, este texto recopila vivencias, opiniones, investigaciones y primeros esbozos de una realidad que está recién empezando a difundirse para el gran público. Y no sólo desde referentes holísticos, sino desde el propio seno de la ciencia.

Podemos averiguar si nosotros o nuestros hijos entramos en la clasificación índigo, pero no será relevante. Si lo somos, redimensionaremos nuestra historia personal; caso contrario, tendremos el privilegio de crecer aprendiendo de quienes sí traen una conciencia ampliada.

¿Cómo no "escuchar" sus síntomas? Imagínese a usted mismo en un jardín de infantes todo el día, haciendo palotes una y otra vez y obedeciendo la aburrida rutina. Piense en cómo se sentiría, con ese código a su alrededor que no tiene nada que ver con su nivel de desarrollo ni con sus aspiraciones y anhelos. Estos nuevos niños bien podrían vivenciar una situación similar cuando no son correspondidos: se sienten desaprovechados, marginados, incomprendidos, deseosos de dar todo de sí pero sin encontrar el camino correcto.

Habrá que estar a la altura de las circunstancias. Por eso este libro introductorio, realizado junto a especialistas que vienen trabajando desde hace tiempo con niños, maestros y padres. Los testimonios y los estudios de aquí y allá asoman lentamente una realidad creciente, nucleando experiencias y revelaciones para *despertar*.

De eso se trata. La nueva conciencia se está manifestando; la otra buena noticia será abrir nuestra visión para analizarla, aceptarla y crecer.

Darío Bermúdez

Capítulo 1
Partiendo de la experiencia personal

Hay una imagen que me acompaña desde mi infancia. Una nena de unos ocho o nueve años mirando por la ventana de su habitación, observando desde la altura la calle, los autos, el movimiento, y pensando: "¿Cuál es el sentido de todo esto? ¿Para qué estamos aquí? Si yo muriera en este instante todo seguiría igual, entonces ¿para qué vivo?".

Angustia y desconcierto. ¿A quién acudir en busca de una respuesta? Éstas y otras preguntas existenciales me acompañaron por mucho tiempo: "Papá, ¿por qué el mundo es así? No me gusta, ¿no hay otro lugar adonde ir a vivir? No quiero estar acá, es muy pesado tener un cuerpo, quiero ser libre…".

Para escapar de estas sensaciones, leía constantemente todo lo que caía en mis manos. Era una forma de no estar, de no sentir… No entendía cómo los adultos no se daban cuenta de las cosas más simples. Entonces, yo tampoco quería ver, ¿para que me servía?

En la escuela me relacionaba poco. No tenía los mismos intereses que los chicos de mi edad. Leía y leía y vivía en un mundo de fantasía, que era mucho más acogedor que el mundo real. Luego la vida me fue llevando por distintos caminos, hasta descubrir el porqué de tantas preguntas. Y hoy son los chicos los que le traen a esa niñita las respuestas.

Sandra Aisenberg

Cada encuentro con un Niño Índigo ha funcionado como un disparador de mi propia infancia. Yo tenía una forma de aprender diferente, lo que me causaba innumerables problemas en los establecimientos escolares. Pero lo que más recuerdo es un profundo sentimiento de incomprensión. Por ejemplo: mi lógica matemática era distinta a la que me planteaban los docentes, y cuando llegaba al resultado de un problema por vías diferentes a las convencionales era muy común que me acusaran de haberme copiado. Entonces, además de sentirme solo, me sentía resignado.

A los cuatro años me medicaron por un breve lapso con ritalina, una droga que, si se usa durante un tiempo prolongado, ocasiona daños irreversibles. Actualmente se la suministran a millones de niños en todo el mundo...

En mi adolescencia encontré en el arte, la música, los deportes y los caminos espirituales una forma de canalizar mis sentimientos. Esto me permitió encontrarme con seres afines e integrarme.

Hoy, de la mano de los Niños Índigo, me llega una nueva oportunidad para redescubrir quién soy y por qué estoy aquí, permitiéndome establecer un puente para que su mensaje pueda ser comprendido.

Eduardo Melamud

LOS NIÑOS NOS BUSCAN

Los niños siempre estuvieron a nuestro alrededor, y tanto para Eduardo como para mí el motivo de tanta afinidad había sido un misterio. En mi caso, desde que empecé a trabajar con la técnica de decodificación de la memoria celular hace ya más de 10 años, siempre se acercaron niños a consultarme de la mano de sus padres.

Esto me llamaba la atención porque nunca me había propuesto trabajar con ellos en forma específica. Con el tiempo, se fue gestando un grupo de niños y adultos que se reunía con el propósito de buscar nuevas formas de comunicación entre ambas generaciones.

Estos encuentros fueron muy enriquecedores y se convirtieron en el motor para buscar nuevas formas de educación que consideraran a los niños como seres espirituales y no como receptáculos a los que había que atiborrar de información.

Así fue como conocí la Pedagogía Waldorf creada por Rudolph Steiner, y comencé a estudiar en el Seminario Antroposófico. Hasta ese momento, todo se sucedía sin tener una motivación personal que me indicara que esa era la tarea a la cual debía dedicarme. Los niños se presentaban con una fuerza tal que era imposible no tenerlos en cuenta, pero después de casi ocho años sentí que mi trabajo con ellos había terminado.

Por ese entonces comenzamos a reunirnos con Eduardo para hacer un trabajo personal e investigativo. Durante este proceso –que duro casi un año– sentimos que estábamos haciendo una gran preparación. Al principio, nos parecía que este trabajo tenía el objetivo de mejorarnos como personas, de aprender a comunicarnos y penetrar más profundamente en el corazón de los demás, de ser más abiertos y menos limitados. Pero en los más íntimo de nuestro ser sabíamos que algo se estaba gestando.

No sabíamos qué, pero intuíamos que algo estaba por suceder. Súbitamente, los acontecimientos comenzaron a precipitarse a una gran velocidad. En un solo día nos llegó información sobre los Niños Índigo a través de tres medios diferentes. Cuando empezamos a ver de qué se trataba, nos sorprendió descubrir que estaba relacionado con el trabajo que ya veníamos realizando.

Al comenzar a profundizar, Eduardo se dio cuenta de que él tenía las mismas características que estos niños, y que ésta había sido la causa de su profunda conexión con ellos.

En ese momento comprendimos cuál era el objetivo de nuestro trabajo: ser un puente entre el niño y el adulto, comprenderlos en la diferencia y aceptar sus características sin juicio, entendiendo su sentimiento de soledad.

A partir de entonces, comenzamos a trabajar con los niños que se encontraban en nuestro entorno. Y el círculo comenzó a cerrarse: ellos empezaron a manifestar cambios en su conducta, comenzaron a estabilizarse, a comunicarse más fluidamente y a manifestar sus dones en forma más evidente.

Esto atrajo la mirada de los padres y los maestros. Así fue como, de su mano, llegamos a las escuelas y al trabajo dentro de las familias. Fue entonces cuando nos dimos cuenta de que nuestra misión era la misma que la de ellos.

NUESTRO TRABAJO

La técnica que utilizamos para trabajar nos permite decodificar la memoria celular, accediendo a una comunicación directa con el cuerpo-mente-espíritu de cada persona, revelándonos sus necesidades, dones, cualidades y bloqueos, junto a su singular forma de liberarlos y elevarlos.

A través de la integración de los hemisferios y de la liberación del estrés emocional generado por situaciones pasadas, podemos unificar nuestros sentimientos, pensamientos y acciones.

Esto nos permite elegir verdaderamente lo que queremos manifestar en este planeta y en las relaciones de nuestra vida.

Las características de esta técnica nos dan la posibilidad de trabajar tanto con niños como con adultos, y nos permite ser facilitadores de la conexión de cada uno de ellos con su propia verdad interior.

Los niños nos han propuesto diversos temas para trabajar según sus necesidades, y nos han traído las respuestas sobre cómo resolverlos. Nos han permitido conocer sus características y cómo comprenderlas, y nos han planteado qué es lo que necesitamos modificar como adultos para poder darles un ambiente adecuado que permita el desarrollo de sus capacidades.

Esta forma de trabajo nos permite estar abiertos, aprender a escucharlos y disponer de la oportunidad de aprender juntos.

LA VISIÓN DE UNA MENTE ASOMBROSA

Además de la apoyatura científica que pone en sus manos este texto a través de la opinión de prestigiosos profesionales, consideramos oportuna la inclusión de los dibujos proféticos de Benjamín Solari Parravicini (1898-1974) al final de cada capítulo.

Benjamín Solari Parravicini es uno de los clarividentes más respetados de todo el mundo, con extraordinarios vaticinios cumplidos sobre los hechos históricos más importantes del siglo.

Las psicografías que presentamos, realizadas hace décadas, hacen alusión directa a la llegada de "Niños Nuevos" como portadores de nuevos mensajes.

Una nueva educación llegará para el "Niño Nuevo". Ella será superior, porque el "Niño Nuevo" sabrá desde el nacer.

Una nueva educación llegará para el "Niño Nuevo". Ella será superior, porque el "Niño Nuevo" sabrá desde el nacer.

Psicografía de Benjamín Solari Parravicini (1972)

Capítulo 2
Los que abrieron el camino

"Ser Índigo no es un privilegio, es una responsabilidad."

Nina Llinares

LOS ADULTOS ÍNDIGO

Los Adultos Índigo han tenido la difícil tarea de preparar el camino para la llegada masiva de los Niños Índigo en la actualidad.

Podemos decir que la Vibración Índigo ha existido siempre en este planeta de manera latente y que se ha ido despertando desde hace algunas generaciones atrás.

En la sociedad actual, podemos encontrar adultos con estas características en todo tipo de ámbitos. Tal es así que muchos de ellos se encuentran bloqueados y frustrados por no haber podido canalizar sus cualidades.

Fueron los primeros en chocar con la estructura social, y en la

mayoría de los casos han tenido que soportar una fuerte discriminación debido a sus características diferentes. Son los que en
este momento están haciendo esfuerzos por salir de la confusión generada por las antiguas pautas sociales y educativas.

En muchos casos, han pasado por todo tipo de terapia y han
tenido variados diagnósticos inexactos. Hasta han llegado a ser
conejillos de Indias de medicamentos y terapias experimentales.

Por otro lado, hay otro grupo que ha logrado desarrollarse, en
mayor o en menor medida. Los encontraremos en actividades
relacionadas con lo creativo y lo artístico, en trabajos solidarios
y, en muchos casos, participando de caminos espirituales.

Una de las grandes ventajas que poseen es que pueden establecer un puente entre el antiguo paradigma y el actual, ya que
tienen la experiencia de haber transitado las viejas estructuras.
Comprenden el tiempo presente por ser poseedores de la misma
vibración que la masa crítica actual.

En nuestro trabajo con Adultos Índigo hemos encontrado ciertas
temáticas recurrentes relacionadas con la búsqueda de nuevos
espacios dentro del ámbito social y laboral, más acordes a sus
sentimientos genuinos.

Descubrimos que comparten la fuerte certeza de que:

- Ha llegado el momento de manifestar sus talentos y ani-
  marse a confiar en su percepción e intuición.

- Es tiempo de modificar la mirada que tienen de sí mismos con el propósito de lograr la expansión energética
  necesaria. Acompañando el cambio vibracional del planeta con valentía, y honrando la incertidumbre.

* Elzear Kuster, psicólogo y terapeuta floral, nos cuenta su experiencia en el trabajo con Adultos Índigo:

"Con los Adultos Índigo, la tarea no es menos complicada que con los niños. Éstos pueden muchas veces no saber expresar correctamente lo que les sucede, pero los adultos no quieren contar lo que les pasa. Han vivido mucho tiempo buscando sentido y propósito para sus vidas; con frecuencia no encuentran su 'nicho social', un medio ambiente que los entienda y contenga, disparando una gran variedad de mecanismos de defensa tras los cuales ocultar su realidad.

Debajo de esa fachada podemos encontrar características dispares y manifestaciones diferentes en lo externo, teniendo internamente los mismos parámetros.

Por ejemplo con respecto a la inteligencia, los altos coeficientes intelectuales se esconden en personas que son mediocres en sus estudios o en su vida personal. Son rebeldes e inconformistas, pudiendo llegar a crear su propia escuela filosófica o religiosa para que esté de acuerdo a sus metas e idealismos".

En estos tiempos, los Adultos Índigo tienen la necesidad de redefinir quiénes son y qué quieren hacer. Buscan su verdadero oficio y se preguntan qué es lo que más disfrutan realizar para descubrir su verdadera vocación.

Hoy, se les presenta una nueva posibilidad de cumplir su misión desde el lugar que les ha tocado accionar dentro de la sociedad, ya sea creando mejores pautas de comportamiento, generando conciencia sobre ecología, alimentación y nuevos sistemas educativos, cuidando de los niños, construyendo empresas que puedan combinar exitosamente lo espiritual con lo familiar, y transformándose en modelos de las nuevas generaciones.

LA VIBRACIÓN ÍNDIGO EN LOS JÓVENES

Nuestra experiencia con los Jóvenes Índigo es realmente alentadora. Hemos observado que manifiestan en forma espontánea algunos aspectos que los adultos tenemos que trabajar duramente.

* Mariana Gomez, una joven de 21 años, técnica en recreación, nos cuenta que lo más maravilloso de su trabajo con los niños es dar las pautas y luego entregarse a la experiencia de que las modifiquen ellos con su mirada y sus ideas. Esta flexibilidad le permite conectarse con los niños de una manera simple y profunda a la vez.

* Por otro lado, Estela Anzoátegui, de 19 años, participa de grupos comunitarios en donde se pone en práctica el cooperativismo, y su mayor anhelo es servir a sus semejantes.

Nos llamó la atención que compartieran una visión semejante sobre la sociedad, la familia, la educación, etc. a pesar de pertenecer a estratos sociales opuestos. Indagando más, descubrimos que la mayoría de los jóvenes que tienen la posibilidad de canalizar sus dones se está volcando a tareas comunitarias, en donde todos se reconocen como pares y no existe la autoridad vertical, característica del viejo paradigma social.

Ellos comparten la idea de que el individualismo no es el camino a seguir en estos tiempos y se vuelcan a lo solidario y a lo grupal en forma natural, teniendo una visión innovadora de las cosas.

En una charla que compartimos con ellas, nos contaron su punto de vista respecto de la educación. Según Mariana, la escuela deja afuera muchísimos aspectos. *Fragmenta la vida en vez de unirla*. Se aleja de la experiencia del contacto directo con las cosas. Le falta juego y alegría. Los contenidos se dan en forma muy abstracta, descolgados de la realidad, y las cosas pueden servir o no según como se muestren.

Estela agregó que, si bien ella quiere ser profesora de historia, le cuesta encontrar incentivo para seguir estudiando. También dijo que su entusiasmo por esta materia proviene de un ejemplo que recibió de un profesor que tenía un gran compromiso con lo que hacía. A diferencia de otros profesores, él no actuaba como si fuera el único que tenía algo para enseñar sino que tenía la apertura suficiente como para aprender de los alumnos a través del intercambio.

Ambas coincidían en que, para ellas, el título que podían obtener no tenía ninguna importancia. Lo que valoraban era el aprendizaje en sí. También plantearon que cuando un grupo de alumnos egresa de la escuela reciben todos el mismo título, pero cada uno seguramente aprendió algo diferente porque en realidad no hay dos personas iguales.

Con respecto a qué cambios propondrían, Mariana dijo que la escuela tiene mucho que ver con la sociedad en que vivimos, y que tiene valores que ella ya no comparte. "La escuela deja de lado el espíritu. Deja de lado la conexión de todo con todo, con el planeta que pisamos y con la relación entre nosotros."

Propone generar un nuevo espacio educativo que dé la posibilidad a cada niño de investigar según sus intereses, y le permita
desarrollar los dones y capacidades que trae...

Estela agregó que ella quería aprender cosas para cambiar la
situación de su barrio, ya que la mayor parte de sus habitantes
son desocupados. Quería aprender cosas prácticas que los ayuden a mejorar su calidad de vida.

Mariana dijo que en la escuela se sentía sólo "una cabeza", ya
que no había lugar ni para el cuerpo ni para los sentimientos. Y
Estela agregó que cuando uno está fragmentado, aprende menos de lo que realmente puede.

Ambas decían que si bien el colegio sirve para socializarse, no lo
fomenta, ya que deja de lado lo humano y las relaciones con las
personas. No genera redes ni conciencia de grupo. "Le falta
amor."

* Conceptualmente, Nina Llinares, en su libro "Niños Índigo.
Guía para padres, terapeutas y educadores", nos dice lo siguiente:

> "Todo Índigo es potencialmente un líder en el sentido de
> tener cualidades personales de acusada capacidad orga-
> nizativa, seguridad en sí mismo, y magnetismo para apor-
> tar recursos operativos ante cualquier situación que se
> presente, y que, si no lo expresa en la práctica, sentirá
> que en su interior late una fuerza extraordinaria que no
> sabe cómo expresar y exteriorizar satisfactoriamente para
> sí mismo.
>
> Cuando a un Índigo se le impide, por la razón que sea,
> que se dedique a lo que realmente le entusiasma, se mar-

chita, no se rebela como lo haría una persona común y necesita desesperadamente volver a conectarse con su entusiasmo bloqueado.

El Joven Índigo se caracteriza por ser muy responsable, siempre y cuando esté conectado a lo que realmente quiere dedicarse en su vida y no a lo que la sociedad o la familia le imponga. En estos casos, puede presentar una aparente irresponsabilidad por estar disperso o enfocado en la búsqueda de lo que le entusiasma.

Todo Índigo trae consigo una gran capacidad de innovación para modificar o crear cosas. La originalidad es una capacidad innata en todo Índigo, aunando lo artístico con lo tecnológico, lo práctico con lo bello. Si se le coarta o no se le respeta puede perder el interés temporalmente, sintiendo en su interior que algo pasa con su auténtica naturaleza y que no sabe qué es ni cómo expresarlo.

Nunca pierden su sentido de calma interna aunque externamente pueda parecer todo lo contrario, ya que su naturaleza no es estar preocupados; el Joven Índigo sabe de forma natural y sabia que preocuparse no arregla ninguna situación; puede no obstante perder la paciencia momentáneamente y mostrarse acelerado en su actitud, pero internamente estará en calma.

Estos jóvenes son muy independientes, ya que carecen de apegos que los aten a conductas dependientes en ningún sentido, y sólo en casos muy extremos harán uso de drogas o adicciones patológicas por no encontrar salida a todo su potencial. Su esencia es solidaria; aquí es cuando mejor se expresa su naturaleza de vibración altamente espiritual, la cual manifiestan de una manera completamente natural, ayudando en toda situación que así lo requiera.

Los Jóvenes Índigo comprenden conceptos sobre temas energéticos y espirituales (no intelectualmente ni desde la razón) aunque nunca hayan oído hablar de ellos con anterioridad. Es como si tuvieran activada la Ley de Afinidad y un sexto sentido para saber si les resuena o no la cuestión.

La capacidad de respuesta en ellos es innata y poderosa, y sólo se puede manifestar en estado de bloqueo si su entusiasmo no está siendo expresado".

* Carmen Ormeño, actriz, autora teatral y titiritera, se identifica como una Adulta Índigo que ha transitado muchos caminos:

"La mayoría de las veces me he sentido rara. Los niños y los animales me dan una soltura especial; siempre he tenido esa sensación de que las personas no comprenden lo que me sucede, aunque yo a veces las pueda ver y sepa hasta en qué lugar les duele la espalda.

A menudo siento náuseas y dolores que son de otro. Me cuesta mucho entrar a un hospital, o a un lugar donde la gente se está peleando. Siento la agresión como puntaditas y luego un dolor en el pecho y al fin lloro; he aprendido a rezar más seguido y a poner las cosas en las manos de Dios, que de veras se encarga en serio de todo esto.

Tal vez esto suene extraño. Hoy tengo una vida de la que

estoy muy agradecida, pero cuando era una adolescente, la existencia me pesaba en extremo. Creo que siempre busqué un lugar en el cual descansar, en la barba de Dios.

Lo digo así por un sueño que tuve de chica. En uno de los momentos más difíciles de mi vida soñé que Dios me llevaba a un sitio muy luminoso y allí me cuidaba. Desde siempre he sentido su presencia, pero no sabía dónde volcar mi amor; necesitaba un modo, un lugar, una referencia y al fin una almohada que estuviera en la Tierra y en el Cielo para tocar su barba cuantas veces quisiera.

Cuando tenía 17 años pinté un cuadro en el que debajo de una cabeza caían pedazos de cuerpos, como barrotes, y por encima de la cabeza un arco iris. El tiempo y el espacio a los costados, amigos de los cambios de este cuerpo, y la sensación de que el cuerpo era la cárcel del alma.

Uno de mis psicólogos de la adolescencia decía que yo tenía síntomas de psicosis, por mi manía de interpretar la realidad como los sueños y dejarme llevar por la intuición. Por ejemplo, percibir la muerte del papá de un amigo mío un rato antes de que ocurriera.

Necesitaba comprender qué era lo que me pasaba y por qué causa me veían como psicótica. Por ejemplo, si soñaba y resolvía en sueños un examen, o si soñaba el diseño de escenografías que vendía en una época. Incluso, los problemas que tenía con latín en la escuela se arreglaron soñando y hablando latín en sueños...

Pero al fin vino el camino del arte que ha sido y es para mí una herramienta clave para subsistir. En él encontré la forma de trasladar esas imágenes a la realidad, y no sentirme loca.

Cada uno deberá descubrir cuál es el modo que le resulta más propicio para tocar la Tierra. Yo por cierto investigué la danza afro, la gimnasia griega, Milderman, danza teatro, técnicas de la voz y el cuerpo de Suzuki, liberación de la voz, manejo de energía y precisión con marionetas, entrenamiento del Odin teatre, de Jill Greengals para la presencia escénica, reiki, aikido, pa tuan chin y un poco de flauta.

Pero debo confesar que después de todo esto he llegado a la conclusión de que todo es para volver a jugar, nada más. Para mí el arte es un camino, una búsqueda de la totalidad, una excusa para conocerme y canalizar esa energía de más que uno tiene y no sabe dónde colocarla.

En la actualidad, me dedico a inventar formas de vivir (y no sobrevivir) lo más creativamente posible. Construyo títeres. Soy docente de docentes, para que aflojen el cuerpo y salga la voz y la risa para aprender mejor junto a los niños. Soy actriz, directora de teatro y de títeres. Trabajo con actores la presencia escénica y la organicidad, y busco todos los días la pista de aterrizaje en la cual uno permite que el mundo de los sueños pueble esta realidad".

* Mariana Gomez nos da la visión de su infancia:

"En estos días me vienen imágenes de mi infancia que

ahora, al venir al presente, a mi ahora, tienen sentido, continuidad, lo modifican, me hacen sentir luz y sombra.

Estoy sentada en mi cama (¿o tal vez parada?). Lo que es seguro es que miro por la ventana (¿o imagino?); contemplo las estrellas, tengo... 10, 12, 15, 21 años, las miro y las siento, y voy a una estrella y desde allí veo la Tierra, pura agua, y siento toda su vida... Está viva... Vuelvo a mi cuarto, a mi templo interno, y sigo mirándolas y ellas me llevan más y más y más y más... siempre más allá.

De repente, mi mente trata de encontrar un límite y pronto descubre que sigue, siempre sigue... El infinito asoma por mi ventana; a veces siento miedo al sinfín... Luego, dejo de sentirlo... Sí, soy pequeña dentro del infinito, de la inmensidad, ¿pero saben qué? Soy ese infinito; desde el infinito hasta mí y de mí hacia él no hay límites, no hay cortes, es un continuo y continúa. ¡Claro! A pesar de estar sola en mi cuarto, estoy, soy, siento que todo, todos están... Y si esto es tan grande... entonces... por aquí... y por allí hay vida... vida en otros planetas, galaxias...

¡Hola a todos! Canto al viento, ¿y si no hablan castellano, y si no tienen palabras? Tal vez sólo sonidos, ah... ya sé... me callo y les mando amor con mi corazón...

Eso es universal... y me llega la idea de que aquí y ahora, en mi casa, en la calle, en mi camino está lleno de humanos, de personas a las que puedo dar mi mensaje de amor y salgo de mi pieza al encuentro del abrazo humano, planetario. Voy abrazando la vida, jugándola, siento un tejido de hilos muy finitos que nos unen a todos y a todo...

Aquí y ahora, todos juntos en la Tierra, aquí y ahora recuerdo, desempolvo los hilitos de luz... de corazón a corazón, de vida a vida... y canto".

= Los padres del "Niño Nuevo" - respetarán sus manifestaciones asombrantes de joven y hombre. Si tal no hicieran - serán ellos responsables de la muerte moral del Niño salvador - ¡ El Alto les ajusticiará! —

Los padres del "Niño Nuevo" respetarán sus manifestaciones asombrantes de joven y hombre. Si tal no hicieran, serán ellos responsables de la muerte moral del Niño Salvador. ¡El alto les ajusticiará!

Psicografía de Benjamín Solari Parravicini (1972)

Capítulo 3
Detectando el color índigo

"Un Índigo no promueve el cambio: *es* el cambio.
Una célula que dará vida a la nueva civilización."

María Monachesi,
fundadora de la Hermandad Luz Azul

El término "Índigo" no está sólo reservado a los niños, sino que es una palabra elegida para explicar un fenómeno que está ocurriendo en la naturaleza.

Los seres humanos tenemos un campo energético que nos rodea. Éste tiene diferentes colores dentro de los cuales se encuentra el "color de vida", que difiere según la misión que traemos.

Desde el punto de vista científico, cada color vibra a una cierta velocidad, y está relacionado con la conciencia evolutiva que un individuo puede desarrollar.

La banda de Frecuencia Índigo es una vibración ligada a la expansión de conciencia. Su característica es la sensibilidad expresada en todas sus áreas, y la espiritualidad en la apreciación de la unidad en relación con lo cotidiano.

El índigo es el Rayo de la Era de Acuario, el color del alma. Representa la automaestría, la inspiración y la integración. Es el rayo más poderoso de todo el espectro. Este color también se asocia con la glándula pineal. Cuando esta glándula es estimulada, comienza a desarrollarse la clarividencia.

Ésta es una de las causas por las que los Niños Índigo son tan concientes y sensibles al entorno que los rodea. Por lo tanto, cualquier ser humano que se transforme en un ser amoroso y que lleve una vida acorde al propósito de su alma, puede ser calificado como un ser humano índigo.

LA PRIMERA VEZ

Nancy Ann Tappe identifica por primera vez el patrón de comportamiento de los Niños Índigo en su libro publicado en 1982, "Entendiendo su vida a través del color" ("Understanding your life through color"). Es el primer libro que se conoce sobre el tema.

Nancy clasificó determinados tipos de comportamiento humano en grupos de color, e intuitivamente creó un sistema de naturaleza metafísica sorprendentemente exacto y revelador.

Uno de los grupos de color presentado en su libro es el índigo. Esta clasificación de color revela el nuevo tipo de niño en forma muy precisa.

En una entrevista realizada por Jan Tober (autora de textos de autoayuda reconocidos internacionalmente) incluida en su libro "Los Niños Índigo", Nancy Ann Tappe cuenta cómo fue su primer contacto con el color índigo:

—Usted fue la primera en identificar y escribir sobre el fenómeno índigo en su libro. ¿Qué es un Niño Índigo y por qué los llamamos así?

—*Los llamo índigo porque ese es el color que "veo".*

—¿Qué significa eso?

—*El color de vida. Yo miro el color de vida de las personas para conocer cuál es su misión aquí, en el plano de la Tierra, qué es lo que han venido a aprender. En algún momento de los '80, sentí que aparecerían dos colores más añadidos al sistema, porque dos habían desaparecido. Vimos desaparecer el fucsia, y el magenta se volvió obsoleto. Así que pensé que esos dos colores de vida serían reemplazados, pero no sabía por cuáles. Mientras los buscaba, "vi" el índigo.*

Y continúa:

—*Estaba investigando en la Universidad Estatal de San Diego, tratando de construir un perfil psicológico coherente que pudiera resistir la crítica académica. Fue a través de un médico psiquiatra que trabajaba conmigo en el Hospital Infantil, el doctor McGreggor, de quien tomé nota por primera vez. Su esposa había tenido un bebé, aunque se suponía que no podía tener hijos. El bebé nació con un fuerte murmullo en el corazón, y él me llamó para que fuera a ver al niño y le dijera lo que "veía". Así que fui y miré, y realmente comprobé que mostraba un nuevo color que no tenía en mi sistema. El bebé*

*murió unas seis semanas más tarde; todo pasó muy rápido.
Ésa fue la primera experiencia física que tuve y que me mostró que los niños eran diferentes. Ahí es cuando comencé a
buscarlos.*

LA VIBRACIÓN ÍNDIGO EN LA HUMANIDAD

La Frecuencia Índigo es una cualidad energética que pertenece
a una alta vibración espiritual. Últimamente escuchamos decir
que termina la era de Piscis y comienza la era de Acuario. El
cambio de una era astrológica a otra, no sólo implica un recam-
bio de energía que se proyecta sobre el planeta sino que viene a
este plano un nuevo grupo de seres que hasta ahora no estaba
encarnado.

Al principio sólo aparece un pequeño grupo, que va aumentando con el correr del tiempo hasta completar la encarnación del
grupo de almas en su totalidad.

El grupo de Almas Índigo empezó a fluir aproximadamente en el
año 1700, cuando comenzaron a venir los primeros grupos energéticos de la era de Acuario. Al principio el flujo es lento y llevará
largo tiempo para que las ideas que van llegando con ellos se
propaguen y comiencen a desarrollarse.

Hubo muchas Almas Índigo que lucharon duramente para poder desarrollar sus capacidades. Con gran esfuerzo hicieron de
puente y abrieron camino a las Generaciones Índigo que les su-
cedieron. Los niños que vienen ahora llegan a una vibración
mucho menos densa, dentro de la cual les es posible expresar y
exponer muchas más virtudes del alma que en la etapa anterior.

Como un ser humano puede afectar a otro con su energía, la venida de estos seres a la Tierra permitirá que tanto adultos como niños que no son Índigo evolucionen y eleven su propia vibración, aumentando su estado de conciencia.

Esto puede explicarse por medio del principio de resonancia, que establece que la vibración más baja o densa se alinea sobre la vibración más elevada o sutil. En tiempos de algunas generaciones futuras, tal vez en un siglo o quizás más, toda la cultura vibrará en la Frecuencia Índigo, produciendo un salto evolutivo en toda la humanidad.

UNA GRAN OPORTUNIDAD

"Para cambiar algo no hay que luchar con el modelo ya existente. Hay que crear un modelo nuevo y hacer que el antiguo se vuelva obsoleto."

B. Fuller

En estos días, vivimos un tiempo de evolución espiritual sin precedentes. Las frecuencias de energía de la Tierra están ascendiendo a 11.6 ciclos por segundo o más desde los 8.6 ciclos de 1995, una frecuencia ya más alta que la normal, de 7.8 ciclos por segundo.

¿Y esto qué significa? ¿Por qué ese cambio es tan importante para nuestro desarrollo espiritual?

Así como los patrones energéticos humanos afectan a la Tierra, los cambios en los patrones energéticos de ella nos afectan a nosotros. A medida que las energías terrestres evolucionan a frecuencias más altas, nuestras energías humanas responden a esas nuevas frecuencias.

Gradualmente somos estimulados por estos ciclos más rápidos y sentimos urgencia sobre nuestro crecimiento espiritual. Esto representa una gran oportunidad.

El incremento de las energías de la Tierra nos brinda el marco necesario y el apoyo para que al fin podamos utilizar el 90% inactivo de nuestro cerebro, al cual los científicos no le han encontrado todavía su propósito.

Al comienzo, la presencia de frecuencias elevadas disparará un proceso de *limpieza y desintoxicación* de cualquier frecuencia baja. Cualquier cosa que nos haya estado limitando en el pasado, surgirá para ser revisada y liberada.

La fuerza de las estructuras sociales que imperaron por muchos siglos en el planeta han comenzado a decaer. Ha medida que el nuevo paradigma que honra al individuo se va estableciendo, muchos seres se van liberando de las formas de pensamiento que los han condicionado por muchos siglos.

Y son los niños los que traen las nuevas estructuras que tienen por objeto liberar a aquellos que se sienten presos de los viejos sistemas sociales. Es importante comprender que mientras estos nuevos niños crean su propia definición de lo que significa vivir, están trayendo una sanación, tanto a aquellos que son mayores que ellos como a aquellos que no han nacido todavía.

Están utilizando sus creencias y su verdad para traer una existencia maravillosa para toda la humanidad, ya que, aunque estén en un cuerpo pequeño, pueden reflejar grandes aspectos del espíritu a través suyo.

Una de las características de esta nueva era es que el detonante del cambio en la humanidad será impulsado por los niños. En estos tiempos, los Niños Índigo están llegando masivamente a nuestro planeta con el objetivo de contrarrestar la corriente mental analítica y generar un salto evolutivo de la especie humana.

Normalmente, cuando a los adultos nos hablan de un cambio de era y de niños con mayor grado de evolución, nos sentimos muy esperanzados en el futuro, ya que daría la falsa impresión de que es algo que va a ocurrir más allá de nuestra participación.

Nos asustamos con el caos aparente, pero para que el cambio se manifieste debe haber una revuelta. Todo en la Creación primero pasa por un período de caos para tener la capacidad de reestructurarse a sí mismo, y establecer una manera más eficiente de funcionar.

Esto explica la revolución y el caos que muchos de estos niños generan cuando comienzan a cumplir con su misión en este planeta, ya que son los portadores de las nuevas estructuras. Debemos ser concientes de la oportunidad que se nos presenta: formar parte de este cambio, con los beneficios que obtendremos de la interacción con los niños.

Desde su sitio en Internet (www.hermandadluzazul.org.ar), María Monachesi expresa lo siguiente:

> "Así como cada etapa evolutiva requirió de determinadas características humanas y surgieron seres que lideraron esos cambios, ahora, en este momento de la humanidad, el cambio se llevará a cabo de la mano de los índigo

Muchas veces nos hablan de cambio, de evolución, de nuevos paradigmas y en algunas ocasiones tendemos a mirar estos procesos como algo que está sólo por fuera de nosotros.

Es decir, sabemos que somos parte de un proceso de cambio pero debemos tomar total conciencia de que somos ese cambio, somos la evolución".

¡Tolerancia!, dirá el "Niño Nuevo" al mundo. Entendimiento y amor, agregará, y el mundo caduco escuchante... ¡Obedecerá!

Psicografía de Benjamín Solari Parravicini (1972)

Capítulo 4
Características de los Niños Índigo

"Un Índigo no es un ser superior. Es un ser humano distinto, con una nueva conciencia."

María Monachesi,
fundadora de la Hermandad Luz Azul

¿CÓMO SON LOS NIÑOS ÍNDIGO?

—Estamos escribiendo un libro que habla de los niños, ¿te gustaría dejarles un mensaje a los lectores?

—*Sí... Que cuiden el planeta, que no maten a las personas ni a los animales.*

Tobías, cinco años

Estas nuevas almas vienen para facilitar nuestra transición a un próximo paso en la evolución de la conciencia humana.

Tienen un conjunto de atributos psicológicos e intelectuales inusuales que revela un patrón de conducta no documentado anteriormente:

- Son *multidimensionales* y altamente sensibles, con muchos talentos y poderes intuitivos.

- Instintivamente saben quiénes son, lo que necesitan y lo que es verdadero.

- Como poseen una mirada diferente de la vida, tienen otras prioridades, valores y necesidades.

- Son muy sensibles a los estímulos. Tienen sus sentidos más desarrollados que el promedio habitual y muchas veces se ven sobrepasados por las energías de su entorno.

- Físicamente pueden ser más sensibles a los olores o a los sonidos, por lo cual les resultan generalmente molestas las multitudes y los lugares muy ruidosos.

- Pueden percibir los sentimientos no manifiestos de las otras personas sin comprender de dónde provienen. Les cuesta diferenciar entre su propia energía y la de los demás, ya que absorben la energía del ambiente y la de otras personas y la toman como propia.

- Como tienen más desarrollada la percepción extra-sensorial (telepatía, clarividencia, etc.) y son extremadamente sensibles, tienen la facilidad de ver rápidamente cuando se intenta engañarlos, ya sea con palabras o con falsas apariencias.

- Son muy sensibles a las emociones y tienen una conexión espiritual más profunda.

- Pueden ver auras y espíritus alrededor suyo muy frecuentemente, y percibir la energía de las personas y los lugares.

- Tienen sueños muy vívidos que generalmente recuerdan, y les sirven de guía y ayuda en su vida. Algunos también pueden tener premoniciones.

- Poseen una conciencia interdimensional. Algunos tienen recuerdos de sus experiencias antes de encarnar (es decir, antes de venir a esta vida) y muchos ya son concientes de cuál es su misión en la Tierra. Muchas veces tienen conocimientos o sabiduría que trasciende su experiencia inmediata y su edad cronológica.

* María Dolores Paoli, Psicóloga Transpersonal y especialista en psicoespiritualidad, nos dice en su artículo "Los Niños Índigo":

"Los Niños Índigo son inquietos, les cuesta mucho mantenerse en un mismo sitio y pareciera que no se cansan. Esto es porque tienen un alto voltaje de energía. Es como si tuviesen una capacidad de 10.000 vatios pasando por un cuerpito que sólo maneja 100. De ahí que necesitan liberar ese voltaje moviéndose, y se los califica de hiperkinéticos.

Tienden a aburrirse fácilmente de las cosas y sólo ponen atención y concentración en aquello que es de su interés, por lo que los Niños Índigo están teniendo muchos problemas con el sistema educativo, con la autoridad y la memorización.

Ellos aprenden por participación, en forma exploratoria creativa y reflexiva. Les gusta ser autores y no seguidores. Como aprenden más rápido a través de la experiencia que de la enseñanza impartida por otros, se aburren y pierden interés en las cosas con facilidad. Su forma de aprendizaje tiende a ser menos lineal que la del promedio, lo que les dificulta adaptarse a la presentación secuencial de la información utilizada en la mayoría de las instituciones educativas.

Procesan mayor cantidad de información a través del tacto, por lo que necesitan estar tocando algo para fijar mejor la atención. Esto hace que muchas veces parezcan distraídos o con dificultades en la concentración.

Como son particularmente creativos, siempre encuentran una mejor manera de hacer las cosas, tanto en la casa como en la escuela, lo que los hace aparecer como rompedores de sistemas. Son desestructurados en su manera de pensar, ya que utilizan patrones de pensamiento asociados al hemisferio derecho. A causa de esto, no se relacionan muy bien con los sistemas que se basan en el orden y el ritual. Por ejemplo: permanecer en fila o sentados en una clase va en contra de su instinto natural. Tienen dificultades para aceptar una autoridad absoluta y no responden a los castigos como método disciplinario.

Son felices estando solos y prefieren jugar con uno o dos amigos que participar en grandes grupos. Parecen antisociales, a menos que estén con seres afines. Por consiguiente, se les dificultan las relaciones sociales, especialmente en la escuela.

Desde muy pequeños se comunican con los ojos; tienen una mirada profunda y sabia".

* Todavía recordamos el momento que conocimos a Leandro. La madre nos contó que tenía problemas para concentrarse en el colegio, motivo por el cual nos vino a hacer una consulta.

Si bien para nosotros es habitual trabajar con niños que tienen características especiales, este caso nos llamó particularmente la atención. Telepatía, clarividencia, clariaudiencia, sueños premonitorios… todos estos atributos aquí reunidos en un niño de ocho años que jugaba frente a nosotros armando naves espaciales.

Cuando le preguntamos si podía ver luces de colores alrededor del cuerpo de las personas nos miró asombrado, como si le hubiéramos descubierto uno de sus secretos. En pocos minutos nos pasó a describir con lujo de detalles el contenido de sus visiones.

Lo que nos sorprendió es que a pesar de tener ocho años, nunca había podido hablar de esto con nadie, ni siquiera con sus padres. También recordamos el momento en que, con un dejo de angustia en su mirada, nos preguntó: "¿Tengo problemas en la vista?".

Lo que descubrimos en la primera sesión es que necesitaba poder conciliar el sueño, ya que por la noche tenía miedo a causa de escuchar voces constantemente.

Después corroboramos con su madre que Leandro era muy sensible a los ruidos desde su nacimiento, que lloraba permanentemente, que había padecido continuas infecciones en sus oídos y que tenía un nivel de audición tan elevado que le permitía detectar artefactos eléctricos encendidos a grandes distancias.

También nos dijo que ya de más grande le tenía mucho miedo a la oscuridad y que, a diferencia de sus hermanos, nunca había querido quedarse a dormir en la casa de nadie. Luego comprobamos que podía percibir seres de otras dimensiones y que esto lo asustaba muchísimo.

En una sesión, mientras le mostrábamos una serie de técnicas para poder comunicarse telepáticamente con estos seres que lo atemorizaban, nos preguntó por qué nosotros le hablábamos en voz alta, si el ejercicio era "sin palabras"... En ese momento nos miramos y nos dimos cuenta de que él también poseía ese don. Fue entonces cuando cerré los ojos y pensé las consignas mentalmente. En ese momento, Leandro sonrió y nos dijo que nos entendía perfectamente.

Un tiempo después, su madre nos contó que desde ese entonces duerme mucho más tranquilo y que había empezado a compartir con ella alguna de las cosas que le pasaban. Y lo más importante: nos dijo que a su hijo le había vuelto la alegría.

LA MISIÓN DE LOS NIÑOS ÍNDIGO

—¿Qué harías si descubres que eres una emisaria del amor?

—*Ayudaría a los seres a amar a Dios sin importar qué religión practiquen. Haría una red para que la humanidad eleve su conciencia. Yo ya lo hago con mi papá que vive lejos, pero voy a probar con otras almas.*

Ludmila, 10 años

Los Niños Índigo pueden ser descriptos como seres humanos más amorosos y sensibles. Son portadores del amor universal, nos traen paz y una felicidad natural.

Su propósito es elevar la conciencia de la humanidad, equilibrando la corriente mental analítica que predomina en la actualidad.

Están cambiando las ideas de lo que la sociedad considera necesario, ya que son menos materialistas y tienen más desarrollada su espiritualidad.

Por eso, con su llegada se están transformando los conceptos de paternidad y de cómo ganarse la vida generando nuevas estructuras que estén en armonía con las nuevas formas de la humanidad.

Nos mueven a implementar nuevos sistemas que no los fuercen a cambiar lo que son, para poder insertarse dentro de ellos.

Tienen internalizados los códigos para construir el nuevo mundo, una nueva estructura con formas que tengan como base la unidad y el amor.

Tienen el propósito de elevar la vibración de este planeta empezando por su entorno más inmediato.

* José Manuel Piedrafita Moreno, educador español que se define como Adulto Índigo, expresó en un reportaje realizado en Argentina en julio de 2002:

> "Ellos, al tener una vibración y características diferentes, se comportan de una manera distinta. Necesitan

otras pautas sociales más humanas, más amplias. Su misión principal es cambiar la sociedad.

Son rompedores de sistemas; cambian la sociedad para que el planeta esté listo para la nueva remesa de niños que está viniendo, los Niños Cristal, que tienen una energía armonizadora.

Es su misión ser puente y hacer un mundo más apropiado para lo que va a venir después. A mí me gusta que la gente los reconozca, no que los clasifique".

Distinguiendo a un Niño Índigo

Padres y maestros, preocupados por los niños, a menudo nos preguntan qué hacer ante determinadas circunstancias que se les presentan, y cómo pueden distinguir a un Niño Índigo de uno que no lo es.

Consideramos que es muy peligroso crear un culto alrededor del concepto de "Niño Índigo", y quedarse atrapados por la idea de lo especiales que son.

Los Niños Índigo no deben ser considerados superiores a otros, sino portadores vivientes de capacidades biológicas, mentales y espirituales que están comenzando a despertar en *toda* la humanidad.

Si el hecho de distinguir a un Niño Índigo de otro que no lo es implica un trato diferente, esto generará un prejuicio y una diferencia entre ambos.

Lo más valioso que podemos aportarles es reconocer sus dones y ayudarlos a que aprendan a utilizarlos para el bien propio y de los demás. Darles todo el amor, la comprensión y el reconocimiento para que puedan desarrollarse plenamente.

Consideramos que la mejor forma de conectarse con el tema de los Niños Índigo es tener en cuenta que ellos han venido a demostrar que el tiempo ha cambiado y que los cambios que ellos impulsan involucran a toda la sociedad en su conjunto.

Los valores morales y espirituales que nos vienen a mostrar, no son solamente para facilitarles a ellos la tarea, sino que nos involucran a todos en nuestra propia evolución.

LOS SOBREADAPTADOS

"La presión para adecuarse no es disciplina. La disciplina se manifiesta cuando comprendemos nuestro propio camino."

Betsy Otter Thompson

Desde que comenzamos nuestro trabajo con la Vibración Índigo, hemos tenido acceso a mucha información de libros y de Internet. También hemos compartido experiencias con gente que está trabajando con niños adolescentes y jóvenes tanto en la educación como en la salud.

Todo esto, sumado a nuestra propia experiencia, nos hizo dar cuenta de que la información que se maneja hace especial hincapié en los niños que evidencian sus síntomas, a los que nosotros hemos denominado niños "sinceros", ya que tienen la posibilidad de exteriorizar, siendo verdaderos espejos de cuanto acontece a su alrededor.

Muchas veces se cree que cualquier caso de hiperactividad o de trastornos de atención tiene una relación directa con la Vibración Índigo, y esto no es del todo cierto.

Es importante comprender que necesariamente no todos los Niños o Jóvenes Índigo tienen problemas disciplinarios, o son hiperactivos o tienen trastornos en la atención.

En nuestra experiencia de trabajo cotidiano nos hemos encontrado con seres que en apariencia no presentaban mayormente las características mencionadas con anterioridad.

Trabajando con una niña de 10 años, descubrimos que si bien no tenía problemas de atención en la escuela ni era hiperactiva, tenía muchas capacidades autobloqueadas.

Por ejemplo: no se permitía dibujar porque nunca podía llevar al papel lo que ella imaginaba. Una vez nos mostró un cuadro que le gustaba mucho y dijo que ella no pintaba más porque quería lograr algo como eso, y como no le salía, entonces había dejado de hacerlo.

Cada vez que dibujaba algo lo rompía porque no le gustaba el resultado obtenido, ya que sentía un impedimento al tratar de plasmar en el plano material y concreto lo que percibía en los planos más sutiles.

Esto le producía una sensación de impotencia, que se traducía en una gran exigencia por lograr la perfección y la consiguiente desvalorización de sus cualidades.

Era una niña muy sensible y perceptiva, pero por no tener conciencia de sus dones naturales se volvía dispersa. Ella decía que se entretenía mirando y escuchando "lo que otros no podían ver ni escuchar". Todo este estado le causaba enojo, quitándole la alegría natural de la infancia.

Estos son casos a los que hay que prestar especial atención. No quiere decir que debemos preocuparnos por los niños que se adaptan naturalmente a lo que el ambiente les propone, ya que esto puede ser muy saludable.

Pero debemos observar en detalle a aquellos niños que no se adaptan naturalmente sino que se *sobreadaptan*, olvidándose de su sentimiento interior y siendo ellos mismos los que bloquean sus dones y cualidades naturales. Y a pesar de ser niños que desde el punto de vista energético se los puede denominar como índigo, no se manifiestan las características propias de esta vibración a causa de su necesidad de ser aceptados por su entorno.

Esta sobreadaptación proviene de la autoexigencia de querer cumplir con un patrón externo de lo que conforma una idea de aparente normalidad, y por un fuerte temor a ser rechazados.

También los denominamos niños "adultos" ya que no muestran frecuentemente la alegría y la frescura que caracteriza a los niños de su edad. Es muy común verlos más cómodos entre chicos más grandes o con personas mayores.

A causa del control que ejercen sobre ellos mismos, cuando se enojan es muy común que se desborden, y de esta forma exterioricen sus verdaderos sentimientos contenidos.

También hemos observado que se debe prestar mucha atención

a sus sueños, ya que daría la impresión de que es la forma en que el inconsciente logra transmitir algunas claves necesarias para que encuentren su rumbo interior.

Recomendamos tener a mano un cuaderno para anotar los sueños, ya que muchas veces hay mensajes que ellos mismos reprimen en estados de vigilia.

El sistema social actual propone una idea de éxito instantáneo y prioriza el premio a los resultados obtenidos sobre los esfuerzos realizados, provocando una presión tanto en los niños como en los adultos.

En el caso de los niños que se sobreadaptan, esta presión se multiplica. Esto hace que pierdan la capacidad de disfrutar del aprendizaje en sí, ya que a causa de pretender lograr el éxito pierden la idea de proceso que implica una constante evolución y aprendizaje en cada cosa que emprenden.

Es recomendable incentivarlos, proponiéndoles técnicas que les permitan cultivar la autodisciplina. Ésta requiere tener un comienzo (punto de partida) y no sentirse vencidos antes de comenzar la tarea.

Por ejemplo: el estudio de un instrumento musical, las artes marciales, el tai chi o el yoga son disciplinas que les permitirán obtener serenidad interior, y conectarse con la idea de aprender sin sentirse presionados por alcanzar un resultado determinado, ya que estas disciplinas en sí no plantean un logro en relación a un tiempo preestablecido.

Es indispensable la actitud que tomen los adultos que los acompañan. La idea es no premiar los resultados, sino los esfuerzos por superarse a sí mismo. Permitirles comprometerse con una actividad que les agrade, ya que cuando descubran su verdadero talento no hará falta obligarlos a concentrarse porque estarán llenos de entusiasmo, sin una palabra de nuestra parte.

Por lo tanto, autoexigencia no es lo mismo que autodisciplina, ya que ésta lleva naturalmente al conocimiento de sí mismo, permitiendo desbloquear dones y fluir naturalmente.

LOS MAESTROS ÍNDIGO

En la actualidad, la Frecuencia Índigo está presente en la mayoría de los niños, ya que en estos tiempos la humanidad está impregnada de esta vibración. Bien se podría decir que un Maestro Índigo es un ser que tiene desarrolladas el cien por ciento de las capacidades (tanto psicoenergéticas como humanas y espirituales) que son características de esta vibración. Pero el hecho de poseer algunas de estas capacidades no garantiza que estemos ante la presencia de uno de ellos.

* A continuación, compartiremos otro extracto del libro "Niños Índigo. Guía para padres, terapeutas y educadores", de Nina Llinares:

> "Poseer las características de la Frecuencia Índigo o gran parte de ellas no quiere decir que uno sea un Maestro Índigo. ¿Cómo saberlo? A todos los padres les gustaría escuchar que su niño es especial.

> Un Maestro Índigo es un ser que jamás ha sido humano en la tercera dimensión de conciencia, o sea, que nunca ha estado encarnado con anterioridad en este planeta. Su vibración es elevadísima y trae características diferentes que mejorará las cualidades de la raza humana.

Es potencialmente un Maestro de Misericordia y un Guardián de la Esperanza; por lo tanto, la humildad es su consigna. Es capaz de realizar auténticas obras creativas con mínimos recursos, porque también en eso su naturaleza creadora se abrirá camino en su vida como ser humano.

Apenas siente apego por su propia familia; simplemente los quiere profundamente pero no se lo podrá manejar con chantajes emocionales. Trae sanación para la humanidad, aunque mayormente actúe desde el anonimato. Viene a cambiar la sociedad, sea cual sea el lugar que ocupe dentro de la misma".

Sin embargo, Maestros Índigo o "niños de las estrellas" que nunca han estado encarnados en este planeta anteriormente y que traen como misión facilitar a la humanidad el salto frecuencial a cuarta y quinta dimensión, sólo habrá actualmente menos de un centenar en todo el planeta, siendo la mayoría aún bebés o niños pequeños.

¿ES SU HIJO UN NIÑO ÍNDIGO?

Para descubrirlo, hágase estas preguntas:

1. ¿Vino su hijo al mundo con un sentido de realeza, y actúa como tal?

2. ¿Tiene un sentimiento de merecer estar aquí y ahora?

3. ¿Tiene un evidente sentido de identidad?

4. ¿Tiene dificultades con la disciplina y la autoridad?

5. ¿Se rehúsa a hacer ciertas cosas que se le ordenan?

6. ¿Es para su hijo una tortura esperar haciendo colas?

7. ¿Se siente frustrado hacia sistemas estructurados y rutinarios que requieren poca creatividad?

8. ¿Encuentra mejores maneras de hacer las cosas que las que les sugieren en la casa o la escuela?

9. ¿Es su hijo un inconformista?

10. ¿Se rehúsa a responder a la manipulación o el manejo mediante el uso de la culpa?

11. ¿Se aburre fácilmente con las tareas que se le asignan?

12. ¿Tiene síntomas de desorden de atención o hiperactividad?

13. ¿Muestra capacidad intuitiva?

14. ¿Es particularmente creativo?

15. ¿Demuestra empatía o preocupación por los demás?

16. ¿Desarrolló pensamiento abstracto a muy temprana edad?

17. ¿Es muy inteligente y/o dotado?

18. ¿Ha descubierto la disposición a soñar despierto?

19. ¿Tiene una mirada profunda y sabia?

20. ¿Manifiesta pensamientos o conceptos espirituales con naturalidad?

Si usted ha respondido afirmativamente por lo menos 10 de estas preguntas, él o ella probablemente sea un Niño Índigo. Si son más de 15 las respuestas positivas, casi definitivamente lo es.

- *Compilación basada en la propia experiencia con niños de Wendy H. Chapman (www.metagifted.org) y en la información suministrada por los especialistas Lee Carroll y Jan Tober en su libro "Los Niños Índigo", traducido al castellano por María Monachesi.*

¿ES USTED UN ADULTO ÍNDIGO?

Sí, usted puede ser un Adulto Índigo; la Frecuencia Índigo no ha empezado a llegar recién ahora. El número va aumentando más y más hasta que serán muchos, imposibles de ser ignorados.

Reconocemos estas características en los Adultos Índigo:

1. Son inteligentes (aunque no necesariamente los mejores promedios).

2. Son muy creativos y les encanta construir cosas.

3. Siempre preguntan por qué (especialmente cuando se les pide que hagan algo).

4. Sienten disgusto y quizás aversión por las tareas muchas veces caducas de la escuela, como la repetición.

5. Fueron rebeldes en la escuela, rechazando hacer las tareas, o cuestionando la autoridad de los maestros, o bien desearon seriamente ser rebeldes pero no se animaban por la presión de los padres.

6. Pueden haber experimentado muy temprana depresión existencial y sentimientos de vulnerabilidad. Pueden haber pasado de tener sentimientos de tristeza a una completa desesperación. Haber tenido sentimientos suicidas durante la secundaria o más temprano son bastante comunes en los Adultos Índigo.

7. Tienen resistencia a la autoridad y a los sistemas de empleo jerárquicos.

8. Prefieren esfuerzos cooperativos a posiciones de liderazgo o individualidad, si su experiencia es valorada.

9. Tienen profunda empatía con otros, pero son intolerantes frente a lo que consideran una estupidez.

10. Son extremadamente emocionales, incluyendo llanto repentino (sin escudos o protección) o no expresando ninguna emoción (escudo defensivo).

11. Disienten con la mayoría de los sistemas políticos, educacionales, médicos y legales, teniendo problemas de orden emocional, mental, o físico.

12. Indiferentes a la política, sienten que su voz no contará y de cualquier modo al final el resultado no valdrá la pena.

13. Muestran enojo o furia al sentir que los derechos les son quitados.

14. Sienten una necesidad quemante de hacer algo que cambie al mundo para que sea mejor. Pueden sentirse bloqueados para actuar.

15. Tienen capacidades psíquicas o espirituales desde temprana edad (a partir de los 10 años o antes).

16. Tienen una fuerte intuición.

17. Presentan patrones mentales o de comportamiento desorganizados (síntomas de Déficit de Atención). Pueden presentar problemas para concentrarse en las tareas, salvo en aquellas de su propia elección.

18. Han tenido experiencias psíquicas, como ver ángeles, oír voces, premoniciones, etc.

19. Son sexualmente expresivos y creativos, o bien rechazan la sexualidad por aburrimiento. Pueden explorar, alternando diferentes tipos de sexualidad.

20. Buscan significado en la vida y entendimiento del mundo mediante la religión, organizaciones espirituales, libros, grupos de autoayuda o individualmente.

21. Si encuentran balance se convierten en seres fuertes, saludables y alegres trabajadores de la luz.

  - Tal es la opinión de la especialista Wendy H. Chapman, basada en trabajos con otros Adultos Índigo y en la extrapolación

de los indicadores de los actuales Niños Índigo proyectadas generaciones hacia atrás.

¿UN NUEVO ADN?

Como la energía del planeta está cambiando, también el cuerpo físico necesita modificar su biología para poder adaptarse a una vibración más sutil.

Los niños que están llegando al planeta tienen un nivel de conciencia más elevado.

Esto no implica que sean físicamente diferentes, sino que pueden tener un mejor desempeño porque su conciencia está más expandida.

Por lo tanto, la estructura de su ADN (ácido desoxirribonucleico) debe funcionar acorde a ese nivel de conciencia.

No es el ADN el que expande la conciencia, sino que es la conciencia la que expande el ADN. No es que el ADN sea superior, sino que la conciencia es más elevada.

-¿Qué es el ADN?

El ácido desoxirribonucleico es el portador de la información genética que está codificada en las células. Los genes controlan las formas y funciones de las células, tejidos y organismos. Metafóricamente, el código genético podría compararse con un código de lenguaje escrito.

Por esta causa, la genética en los Niños Índigo parece haber cambiado respecto de la de los demás seres humanos.

En ellos, los genes de algunos neurotransmisores especiales producen la activación de mayores zonas del sistema nervioso central. Esto permite activar información y capacidades que hasta ahora estaban dormidas para la mayoría de los seres humanos, permitiendo un salto evolutivo para toda la especie.

MÁS OPINIONES DE LA CIENCIA

La Universidad de Los Ángeles (UCLA), California, realizó estudios que llevaron a los científicos a afirmar lo siguiente:

"Cuando experimentamos mezclando células de Niños Índigo con dosis letales de SIDA y con células cancerosas, estas enfermedades no tuvieron efecto alguno sobre las células de los infantes".

El experimento concluyó afirmando que los Niños Índigo son inmunes a la mayoría de las enfermedades. Pero esto no quiere decir que si un niño enferma no es índigo; *todas las enfermedades tienen un origen mental*, y la salud física del ser humano tiene una relación directa con su salud mental.

Si una persona tiene problemas relacionados con la energía de su alma, tarde o temprano manifestará una enfermedad de la índole que ésta sea, más allá de su condición de índigo.

* Federico es un niño de ocho años que casi nunca ha sufrido un resfrío o levantado fiebre, y ni siquiera ha padecido las enferme-

dades que son comunes en la infancia. Su madre nos contó que él se ha llegado a enojar por no enfermarse como sus compañeritos de la escuela.

A través de nuestro trabajo, hemos comprobado que la causa de su inmunidad a las enfermedades está relacionada con su ausencia de juicio. Su madre nos comentó que Federico es una gran ayuda para su trabajo (ella es escritora), ya que él tiene un gran ojo para detectar los errores y para la crítica. Pero incluso cuando le marca las equivocaciones, no llevan una carga de juicio, sino que las dice simplemente como una corrección. Incluso en situaciones límite, él hace una descripción de los hechos pero sin ninguna carga emocional.

* Otra investigación científica salió a nuestro encuentro cuando buscamos más información sobre la relación entre el juicio y las enfermedades. Encontramos que Gregg Braden, científico que trabaja en la relación existente entre la ciencia y lo espiritual, también había detectado este fenómeno.

Considera que los nuevos niños tienen un nuevo ADN porque han eliminado el juicio y están en un estado amoroso, vivenciando todo como una unidad y viendo un propósito más elevado detrás de todas las cosas...

Atribuye la mutación del ADN, entonces, a tres causas principales:

1- *Ver la unidad.* La mente percibe todo interconectado.

2- *Ser amoroso.* Estar centrado en el corazón.

3- *Salir de la polaridad.* Dejar de juzgar al mundo.

En nuestro trabajo hemos observado que el bloqueo de estas tres características proviene del temor a mostrar vulnerabilidad y sensibilidad, por miedo a que el entorno se aproveche de ellos.

El temor a fracasar es lo que los hace aparentar como fuertes en todas las circunstancias, haciéndolos caer en una idea de justicia equivocada que finalmente los aleja de su sabiduría innata y de su conexión con la unidad.

Esta separación es lo que los lleva a padecer enfermedades, ya que comienzan a vivir en función de las cosas que suceden fuera de ellos en lugar de seguir conectados con su verdad interior.

UNA FORMA DISTINTA DE APRENDER

En estas últimas décadas, hay una enorme cantidad de niños diagnosticados con Déficit de Atención (ADD) e Hiperactividad (ADHD), que va aumentando con el paso del tiempo.

Los síntomas más comunes de estos dos síndromes son la distracción, la impulsividad y la hiperactividad, y se caracterizan por la inhabilidad para mantener la atención enfocada.

La nueva generación de niños tiene características que al ser desconocidas por padres y maestros, los lleva a ser etiquetados como niños con "problemas" o con "dificultades" en el aprendizaje, ya que estos síntomas son socialmente molestos y difíciles para la convivencia.

En realidad, estos niños tienen un nivel de inteligencia más elevado que el promedio al que estábamos acostumbrados y tienen una manera distinta de aprender, ya que utilizan capacidades que en la mayoría de los adultos se encuentran dormidas.

Si podemos escuchar su mensaje veremos que lo que necesitan es que la educación se adapte a ellos para que puedan manifestar todos los dones que traen consigo, y para que los adultos también podamos evolucionar despertando estas capacidades en nosotros.

Este capítulo tiene el objetivo de descubrir a aquellos niños que, por tener capacidades diferentes, han sido etiquetados por un diagnóstico que no les corresponde. Porque cuando logramos despertar su entusiasmo, no tienen la menor dificultad para lograr la concentración y la atención necesaria para realizar aquello que realmente les interesa.

Por lo tanto, este diagnóstico puede llegar a ser más traumático que el síntoma mismo, haciendo en muchos casos que el niño bloquee sus propios dones y subestime sus capacidades, sintiéndose disminuido.

Por eso, antes dar un diagnóstico es importante que sean consideradas otras posibles causas para estos síntomas, teniendo en cuenta las características de estos niños y lo que nos están queriendo transmitir a partir de su comportamiento.

Aburrimiento

Es posible que las actividades escolares les parezcan aburridas, monótonas, repetitivas, sin creatividad, rígidas, impositivas, que no dejan espacio para el intercambio o que sientan que su forma de aprender no se amolda a la del colegio.

Si tenemos en cuenta que cada vez más niños aprenden básicamente de forma kinestésica (es decir, a través del tacto y el movimiento) y que traen una mayor activación del hemisferio derecho (que se caracteriza por recibir y procesar la información de forma creativa, intuitiva, telepática, a través de la música, el color o la imagen), es necesario reformar el sistema educativo para que pueda adaptarse a las necesidades de todos los niños y no sólo de aquellos que aprenden en forma lógica y racional, auditiva o visual.

Si cada niño es respetado en su individualidad y posibilidad de desarrollar sus dones y capacidades, su energía se canalizará en forma adecuada, ya que la experiencia ha demostrado que estos niños considerados "problemáticos" no están disminuidos en comparación con el resto de los niños, sino que pueden llegar a superarlos en muchos casos.

* En el artículo "Aburrimiento y sinceridad" publicado en el libro "Los Niños Índigo", de Lee Carrol y Jan Tober, la maestra auxiliar de Jardín de Infantes y Primaria Debra Hegerle expresa:

> "El aburrimiento puede traer arrogancia en los Índigo, así que es importante no dejar que se aburran.
>
> Esta arrogancia es señal de que necesitan un nuevo desafío y nuevas fronteras. Alimentando sus cerebros y manteniéndolos ocupados es la mejor forma de sacarlos del cuadro de la hiperactividad.
>
> Sin embargo, si hacen todo esto y aún hacen travesuras ocasionales, es porque están creando una experiencia de

vida para sí mismos que, si se observa con más cuidado, podrá revelarles mucho sobre su plan de vida".

Sobrecarga Energética

Muchas veces, estos niños tienen problemas para adaptar su vibración al cuerpo físico y esto se refleja en un exceso de energía que necesitan canalizar para poder enraizarse. Si esto no se logra, el niño se muestra hiperactivo, con mala conducta, distraído, etc.

Esta vibración más elevada también hace que muchas veces estén percibiendo y focalizando planos más sutiles y que parezca que no están conectados con lo que sucede a su alrededor.

Esto hace que no puedan conectar consistentemente con la mente lineal o la realización de objetivos lineales, demostrando falta de atención ya que su energía está concentrada en un plano diferente.

Lo que necesita es ser estimulado para interesarse también por lo que ocurre en su entorno, dado que sus características le permiten recibir estímulos en forma múltiple, es decir, realizar varias actividades a la vez.

En la escuela, la fuente principal de información es generalmente la maestra y hay una secuencia lineal para hacer las cosas, lo que les provoca una necesidad de descargar la energía que no utilizan, ya sea levantándose de sus asientos, molestando a los compañeros o hablando constantemente.

La educación necesita ampliar su espectro para contener a estos niños, dándoles opciones para el desarrollo de la clase y tomando en cuenta sus opiniones y necesidades, transformando así la enseñanza en un proceso co-creativo entre el maestro y los alumnos.

Por otra parte, estos niños necesitan estabilizar su energía y es importante que descubramos cuál es la forma adecuada para cada uno.

Debemos tener en cuenta su alimentación, su entorno familiar, la posibilidad de tener una conexión con la naturaleza, el uso de visualizaciones, meditaciones y ejercicios físicos adecuados, etc. que les permita enraizar toda esta energía sin bloquear sus capacidades innatas.

Incomprensión familiar

Esta nueva generación de niños presenta la característica de tener una gran sensibilidad y un desarrollo mayor de la telepatía que generaciones anteriores.

Esto hace que necesiten de un entorno familiar coherente y comprensivo que les permita corroborar que sus percepciones son correctas.

Al ser tan sensitivos, también absorben las energías del medio ambiente como si fueran propias, por lo que necesitan de un ambiente tranquilo y amoroso para poder desarrollarse.

Muchas veces, lo que muestran con sus acciones es el doble

mensaje que reciben del entorno: los desacuerdos entre los padres, las angustias y preocupaciones de los adultos, etc. que, al no ser expresadas, los desestabilizan provocando trastornos que son atribuidos a problemas neurofísicos y no a su verdadera causa.

Desvalorización de los atributos del hemisferio derecho

Estos niños traen más desarrolladas las características del hemisferio derecho (intuición, creatividad, telepatía, fluidez, expresión por el arte, etc.).

Como nuestra sociedad –y por ende nuestra educación– valora la lógica y la racionalidad (atributos del hemisferio izquierdo) por sobre las cualidades del hemisferio derecho, estos niños se sienten rechazados o tienen miedo de no ser aceptados por su manera diferente de percibir la realidad.

Esto hace que muchas veces se transformen en niños agresivos o violentos, ya que el grado de frustración que sienten por sentirse incomprendidos es muy grande.

Necesidad de reafirmar lo que perciben

En muchos casos, al tener la capacidad de captar la información en forma simultánea tanto si se expresa como si solamente se piensa, les cuesta esperar su turno para hablar o actuar, interrumpiendo constantemente, porque ya han percibido el contenido energético y sólo les resta reafirmarlo.

Esto hace que sean calificados de impulsivos, pero lo que necesitan es corroborar que su percepción ha sido correcta y aprender a respetar las formas de los demás que perciben de manera diferente.

A partir de estas pautas, como adultos, padres y educadores debemos reflexionar sobre el mensaje que estos niños nos están dando a través de su comportamiento.

Ellos no tienen desórdenes, sino que viven en un mundo desordenado.

Cuando reciben un ambiente más armonioso, mejoran rápidamente su comportamiento, porque de alguna manera están cumpliendo su objetivo, que es lograr que los adultos tomemos conciencia del mundo en el que vivimos y hagamos los cambios necesarios para poder transformarlo en un mejor lugar. Un sitio en el que tanto niños como adultos podamos desarrollarnos felizmente y con plenitud.

Ellos necesitan de nuestro apoyo, y no que los califiquemos de enfermos, conflictivos o anormales.

Cuando, en lugar de intentar adaptarlos a lo que consideramos los estándares normales, comencemos a considerar cuáles son sus verdaderas necesidades y a poner atención en lo que tratan de decirnos, estas conductas irán desapareciendo porque su misión comenzará a cumplirse.

* Ezequiel, un niño de siete años, llegó a nuestro lugar de trabajo en marzo de 2002 con aparentes problemas de hiperactividad y falta de atención. Su madre nos contaba que realmente no sabía cómo manejarlo, ya que nunca había atravesado por esta situación con sus hijos mayores.

Desde el primer momento en que tomamos contacto con él nos sorprendió su profunda comprensión de temas espirituales y todo lo relacionado a la ecología y la naturaleza.

La madre nos comentó que desde el nacimiento era alérgico a la carne.

Cuando le preguntamos a Ezequiel el motivo por el cual no comía carne, nos contestó: "Si comes un animal, a la madre no le gusta que le comas al hijo. Yo no como carne porque no me gusta matar animales, no me gusta matar absolutamente nada".

Nos comentó que podía ver ángeles, y nos agregó: "Un ángel es una parte de Dios, Dios los creó para que lo ayude con todas las cosas. Veo muchos ángeles en todas partes. Hay algunos verdes, rosas y violetas, naranjas. Miran lo que hacemos. Todos adentro tenemos un ángel".

Cuando le preguntamos qué misión tenían los seres humanos, nos contestó: "A Dios le gustó la idea de que estemos acá, Dios hizo al hombre con una misión, ayudarnos los unos a los otros. Dios hizo la familia para que nos acostumbremos a vivir entre todos. Porque si vivimos solos, ¿cómo hacemos para ayudarnos? Uno no tiene padres equivocados. Tenemos que aceptar a los padres que nos tocaron porque siempre van a ser los padres.

Nosotros ayudamos a Dios cumpliendo lo que dijo, uno tiene que aceptar al otro hasta que uno se muera o hasta que el otro se muera.

Tenemos que aceptar todo lo que nos pasa, porque Dios es e que elige, no uno.

Mi misión es la misma que la de todos. Ayudar a los demás. Antes de estar en la panza era una parte de Dios, ahora también lo soy".

Después, seguimos con el diálogo:

—*También puedo ver duendes. ¿Ves? Aquí hay uno.*

—¿Y qué está haciendo?

—*Está ayudando a las plantas a crecer.*

—¿Cómo hacés para verlos?

—*Si te concentrás y querés mucho, vos también los podés ver.*

—Ezequiel, ¿cuál es la misión de los niños?

—*Los niños van a salvar la Tierra no contaminando el planeta, no fumando cuando sean grandes, y esas cosas.*

—¿Cuando uno se muere que pasa?

—*Cuando te morís, te transformás en una pieza de rompecabezas que es una parte de Dios.*

—¿Y los maestros?

—*Los maestros tienen que decirles a los niños cuando se equivocan y darles otra oportunidad.*

—¿Ves colores en la gente?

—*Las personas tenemos un color alrededor, es el espíritu. El espíritu es una cosa que te ayuda a estar vivo. También necesitamos un corazón. Yo veo el color alrededor de las personas. Cuando las personas se enojan se ponen de color negro. El planeta tiene color verde.*

Cuando hablamos con su mamá, nos dijo que a partir del nacimiento de Ezequiel ella y su esposo buscaron apoyo en algunas terapias alternativas que los ayudaron a comprenderlo, y a entender muchas cosas en relación a su comportamiento.

Nos contó que ellos están aprendiendo a ejercer la tolerancia y la paciencia, ya que el niño reclama mucha atención por parte de ellos.

También nos confesó que los sorprendió mucho que, a pesar de no pertenecer a una familia religiosa, a los cuatro años comenzó a hablar de Dios, diciendo que era su amigo y que siempre lo escuchaba.

Para terminar la charla, nos relató esta anécdota: "Ayer, a la salida del supermercado había un niño pidiendo dinero. Él quería darle una moneda pero en ese momento yo le dije que no tenía, ya que las que me van sobrando las guardo para colaborar con el comedor de su escuela.

Él siguió insistiendo y entonces le dije que no se preocupe ya que seguramente alguna otra persona le iba a dar, pero me dijo que las personas que tienen dinero normalmente no ayudan a los chicos pobres, sino que prefieren comprarse algo más caro sin ninguna necesidad.

Me dio el ejemplo de un reloj de oro, y me preguntó: ¿Para qué necesitan que sea de oro si el reloj sirve para saber la hora? ¿Por qué no se compran uno más barato y le dan el dinero a los que no tienen?

Siguió hablando del tema hasta que se cansó. A la hora de la cena, me dijo que no quería comer. Cuando le pregunté el motivo, me contestó que él no podía comer mientras que a otro nene le faltaba la comida".

Cuando le preguntamos a Ezequiel sobre su relación con su maestra, nos comentó que se sentía muy comprendido y contenido por ella. Entonces, la invitamos a contar brevemente su experiencia en el aula con un niño de estas características.

* La maestra María Fernanda del Rosso, de la Escuela N° 11 Bernardino Rivadavia, de Rawson, Argentina, nos envió una carta cuyo fragmento reproducimos aquí:

> "Al comenzar mi relación con Ezequiel, había momentos en que las normas generales de comportamiento que crearon los propios alumnos no tenían respuestas satisfactorias en él. Dialogamos muchísimo sobre ello y una tarde le pregunté si sentía que yo lo respetaba. Con mirada tiernísima me respondió que sí, entonces le pedí que me diera la oportunidad de recibir lo mismo que yo le ofrecía. Desde ese día las cosas cambiaron absolutamente.

> Es un niño muy cariñoso, que al principio exteriorizaba su afecto con cierta timidez, pero no ahora. Es muy reflexivo; opina siempre sobre todos los temas que se trabajan. Necesita incentivo constante para realizar sus tareas en el cuaderno, que a veces quedan incompletas al final de la jornada, hecho que no se manifiesta en sus notas ya que su participación en clase es excelente. En el primer mes del año lectivo le costaba respetar algunas consignas sociales pero lo superó a través del diálogo.

Hace algunos días, después de haber narrado un cuento en el que uno de los protagonistas era un ángel, Ezequiel se acercó hasta el escritorio y me contó en voz baja que él podía ver y oír a los ángeles.

Le pedí que si había uno en el salón le preguntara su nombre; se alejó unos pasos de mí y después de hablar muy bajo y gesticular regresó diciéndome que se llamaba Matías.

Luego dibujaron en el cuaderno el cuento. Me mostró su ángel y cuando le dije lo hermoso que había quedado me respondió que había sido fácil hacerlo porque había retratado a uno de los ángeles presentes.

Apenas salí de la escuela me dirigí a la Biblioteca Pública a retirar un libro sobre los niños y los ángeles, que sin Ezequiel jamás hubiera elegido como material de lectura.

Mi recomendación para otros docentes es el respeto por todas las diferencias, la valoración de todo lo que el niño es capaz de brindar y no la exaltación del error. Si el niño tiene dificultades en la aplicación gráfica de una tarea se le debe permitir la reflexión oral y otro tipo de ejercitación. Por ejemplo: ante un cuestionamiento escrito, si sé que Ezequiel es capaz de responder correctamente las preguntas, no necesito que conteste 20 sino las que considero principales para verificar la comprensión lectora.

Mi relación con Ezequiel es única, como lo es con cada uno de mis alumnos, ya que todos tienen algo en común y algo en particular para respetar y valorar".

* En otra oportunidad, al finalizar una conferencia, se nos acercó Daniel, un joven de Buenos Aires de 28 años. Nos comentó que se sentía identificado con lo que acabábamos de exponer acerca de los sobreadaptados. Cuando escribimos este capítulo, pensamos que sería muy útil compartir un extracto de su experiencia. Por eso la incluimos aquí:

> "Mi infancia y adolescencia fueron relativamente tranquilas y precisamente ése era mi objetivo, haciendo todo lo necesario para lograrlo.
>
> Si había que estudiar, estudiaba; si tenía que trabajar, me buscaba un trabajo; si tenía que pasar desapercibido,' lo hacía. Simplemente me dejaba llevar y hacía lo que había que hacer y listo. Entonces, yo siempre cumplía, pero el problema mayor que tenía era que no me entusiasmaba con nada.
>
> Me adaptaba perfecto a cualquier situación y sentía que eso era una virtud. Con el tiempo empecé a sentir que en realidad era un problema, no sólo porque no hacía lo que quería, sino que ni siquiera sabía qué era lo que realmente me gustaba.
>
> Me esforzaba tanto por encajar en mi familia, en el colegio o donde fuera que perdí la noción de qué era lo que realmente quería y qué no.
>
> Unos años más tarde, cuando estaba terminando la secundaria, me angustié mucho cuando me di cuenta de que ya era hora de empezar a tomar mis propias decisiones, y la falta de costumbre no me permitía ver con claridad qué quería hacer de mi vida.

Así que me anoté en un curso de orientación vocacional para que me digan qué hacer.

Después de varios tests, me dijeron que era muy creativo. Entonces decidí cursar publicidad.

Cuando comencé a trabajar en una agencia, noté que mis compañeros se apasionaban con lo que hacían.

Todo el tiempo estaban pensando en publicidad y sin embargo a mí eso no me pasaba. No me podía entusiasmar ni siquiera con la carrera que yo mismo había elegido.

Fue entonces cuando empecé a tener sueños muy vívidos que me produjeron gran angustia. Me despertaba en la mitad de la noche gritando aterrorizado por la imagen de un ser negro y encapuchado que aparecía en todas mis pesadillas.

Cuando me mudé comencé a ver a otro ser más luminoso, y aunque ya no me asustaba tanto, no sabía qué hacer.

Empecé a reflexionar sobre lo que veía. Al principio pensaba que esa figura oscura simbolizaba algún miedo o situación traumática que no podía sacar a la luz.

Pero luego comencé a sospechar que quizás, más que un sueño, era algo que de alguna forma estaba ahí y yo en un estado de conciencia especial ("estado crepuscular", según el neurólogo) lo podía ver.

Luego de una serie de estudios me dijeron que lo que tenía era una capacidad especial, como un sexto sentido, que me permitía ver y percibir *otras realidades* en determinadas circunstancias.

Me explicaron que todo lo que me estaba pasando era parte de un aprendizaje y lo peor que podía hacer era tomar una medicación que tape o censure esa capacidad. Porque en ese caso lo que tenía que aprender me iba a venir de una forma más fuerte o violenta para hacerme reaccionar.

Me aconsejaron dar cauce a este don y me enseñaron varias técnicas para poder recibir los mensajes de una forma armoniosa.

A partir de ese momento, seguí teniendo esos sueños reales pero empecé a ver otro tipo de cosas que me servían de guía para lo que necesitaba aprender de mí mismo y de mi proceso.

Comencé a hacer mis primeras elecciones, y aunque mis amigos y familiares muchas veces me miraban con cierto recelo, yo seguía haciendo lo que había elegido.

Por primera vez no me importó encajar; por primera vez no quise agradar a nadie y por primera vez me pude entregar con toda mi alma a cosas que realmente me hacían sentir pleno.

Unos meses después me llegó un mail invitándome a una charla sobre Niños Índigo.

Era la primera vez que escuchaba sobre el tema y sin embargo sentía una gran curiosidad. Le pedí a mi mujer –que estaba embarazada– que por favor me acompañara, porque sentía que esto tenía que ver con nuestra hija.

Fuimos y lo primero que escuché es que a los chicos que tienen esta vibración se los llama Índigo porque su aura es de color azul. Con mi mujer nos miramos y un escalofrío me recorrió todo el cuerpo. Yo había tenido una visión en la que estaba mi hija vestida toda de azul y encajaba perfecto con todo lo que estaba escuchando. Pero a medida que continuaba la charla y hablaban de las características de los Adultos Índigo sobreadaptados, otra vez sentí ese escalofrío.

Cuando terminó la reunión, me acerqué a Eduardo y arreglé una entrevista para verlo y contarle las cosas que me estaban pasando, mis sueños y visiones.

En el segundo encuentro que tuvimos, en el medio de la sesión, me conecté con mi hija, quien me dijo el nombre que quería que le pongamos.

Creo que esta conexión especial que tengo con ella es una confirmación más de que, por fin, estoy transitando mi camino.

Siento que todo esto es el comienzo de algo muy grande y hermoso, que es empezar a conocer y a cumplir nuestra misión en esta vida, y que la clave para encaminarnos es prestar atención a nuestras capacidades y habilidades. Son esas cosas que todos tenemos pero generalmente no las valoramos ni tratamos de potenciarlas.

Yo tardé mucho tiempo en darle a los sueños la importancia que realmente tienen. Esto me permitió encontrarle un sentido más profundo a la vida y empezar a desbloquear mis capacidades dormidas".

La deducción del "Niño Nuevo" será de sabio porque será
en la... ¡sapiencia!

Psicografía de Benjamín Solari Parravicini (1972)

Capítulo 5
Un mensaje sin descifrar

"Es, ante todo, el infeliz concepto de *normalidad* el
que nos obstruye la visión de lo esencial."

Henning Kolher

ADD, ADHD Y RITALINA

"Los desgarramientos del alma no tienen causas cerebrales. El
destino del ser humano no está confinado a su ser biológico",
alerta desde Francia la psicoanalista Elisabeth Roudinesco. Y Ana
Barón, corresponsal del diario Clarín de Argentina, constata desde Washington que en EE.UU. más de 5 millones de personas
toman un antidepresivo o un estimulante ¡por día!

Adormecidos como estamos por exceso de información, puede
que no nos detengamos a pensar. El número de niños de entre
dos y cuatro años que toma ritalina, una droga estimulante, en
los últimos cuatro años se duplicó en EE.UU.

De acuerdo con una investigación, se demostró que la ritalina puede mejorar el comportamiento en la escuela pero no en la casa. Esta droga se considera tan insidiosa que en el Ejército se descartan potenciales reclutas que tengan en su historial indicios de haberla tomado después de los 12 años.

Claramente, las drogas no son la respuesta. Nuestra experiencia cotidiana en escuelas y hospitales nos permite confirmar que estos datos alarmantes también se dan en Argentina y en Brasil. Encontramos escuelas donde, de cada 20 alumnos, cinco son medicados "para que aprendan" (!).

El aprendizaje (como entrenamiento) pasó a ser un objeto codiciado que la sociedad exige para triunfar y que el mercado ofrece para comprar, hasta en pastillas. Se intenta expropiar el verdadero sentido de aprender: *autorizarse a pensar, disfrutar de la alegría de crear, reflexionar sobre nuestra condición humana, preguntar, jugar, soñar, inquietarse, querer cambiar.*

La Revista Viva de Costa Rica, el 28/4/99 publica lo siguiente:

> "Los datos asustan: el consumo del metilfenidato, más conocido como ritalina, se disparó abruptamente un 500% en un lapso de cinco años, aquí. En 1990 se utilizaron 267.000 tabletas; cinco años después, se aplicaron 1.460.610. De ellas, el 57% fueron suministradas por la Caja Costarricense de Seguro Social (CCSS), y el 43% por clínicas y farmacias privadas".

Desde EE.UU. llegan los siguientes datos:

> "La ritalina es una medicación estimulante que se prescribe a 4.000.000 de niños en América cada año. ¿Por qué

el uso de la ritalina se ha duplicado en los últimos cinco años? La producción de la droga ha crecido más del 700% desde 1990...".

El metilfedinato y la ritalina son casi idénticos a la anfetamina, conocida como "acelerante". La Administración Federal de Reglamentación de Drogas (FDEA) coloca al metilfedinato en la misma clase de drogas que la morfina y otras con aplicación médica legítima, pero con un alto potencial abusivo.

Los efectos colaterales (agitación, marcada ansiedad y tensión) de los psicoestimulantes son muy comunes, y muchos médicos recomiendan disminuir poco a poco la dosis antes que interrumpir la medicación abruptamente.

Los medicamentos psicotrópicos buscan normalizar los comportamientos y suprimir los síntomas más dolorosos del sufrimiento psíquico sin buscar su significación.

* Según la psicoanalista Elizabeth Roudinesco, la experiencia en psicopedagogía clínica nos permite asegurar que la gran mayoría de aquellos niños rotulados como ADD (Déficit de Falta de Atención) o ADHD (Déficit de Falta de Atención e Hiperactividad), con una escucha diferente por parte de sus padres o maestros, pueden conseguir aprender creativamente, sin la necesidad de la dependencia de una droga.

Recordemos que a veces la medicación, como dice la Dra. Silvia Bleichman (psicoanalista especialista en niños de la Universidad de París) lo único que hace es disimular los síntomas y calmar los efectos, permitiendo que la perturbación productora del cuadro siga su camino, desencadenando consecuencias de mayor calibre en la adolescencia.

¿CÓMO ESCUCHAR SUS PREGUNTAS ANTES DE PENSAR EN MEDICARLOS?

Los niños preguntan; "son" preguntas. Las preguntas no escuchadas devienen en síntomas.

¿Qué sucedió para que tal cantidad de madres y padres de niños acepten y soliciten la ritalina para calmar a sus hijos o para que sean exitosos?

¿Qué sucedió para que esos maestros, que tienen a cinco de sus 20 alumnos medicados para que les presten atención, acepten y busquen la justificativa del síntoma de ADD o ADHD? ¿Cómo no se preguntan si ese 20% de niños en su aula sólo correspondería a una "desgracia" del destino que los reunió en la clase, ya que las estadísticas de los mismos que produjeron el diagnóstico hablan sólo de un 20% de la población que podría recibir el diagnóstico?

* La Dra. Silvia Bleichman, en un excelente artículo publicado en el diario Clarín de Argentina, nos recuerda:

> "Los niños de esta época, en su mayoría, no son receptores de ninguna esperanza, sino sólo de una supervivencia que da cuenta del desaliento y la fatiga histórica que empapa a los adultos a cuyo cuidado se encuentran".

* El psicólogo y terapeuta floral Elzear Kuster, nos dice:

> "Al crear nuevos paradigmas, logramos que la ciencia se transforme en algo abierto y en continua evolución. Teniendo en cuenta esto, vemos cómo los índigo nos plantean nuevos problemas que se podrían solucionar si cambia-

mos nuestro entendimiento y forma de pensar, si cambiamos nuestros paradigmas.

Si hoy queremos medir la inteligencia de los Niños Índigo, o sus comportamientos, o sus características psicológicas, nos vamos a encontrar con lo siguiente: las herramientas profesionales, científicas, sociales, etc., están preparadas con parámetros que no contemplan sus características diferentes y especiales; por lo tanto, ante un chico con problemas de atención y dispersión en clase, con los consecuentes problemas de conducta, ¿se trata realmente de un chico con un problema?, ¿le falta concentración?

No, lo que sucede es que debido a sus características diferentes y un coeficiente intelectual por encima de lo que se considera normal, se aburre al escuchar largas explicaciones de temas que a él le ha tomado apenas minutos comprender. Su comprensión de la totalidad le da una velocidad de entendimiento que supera a sus compañeros. Se vuelve intolerante con el lento razonamiento de los demás.

'¿El chico no habla, o habla poco? ¿No se integra fácilmente? Debe tener un retraso madurativo', nos dice la psicopedagoga. Pero lo que tal vez sucede es que, para este niño, hablar resulta algo muy lento y complicado comparado a las facultades telepáticas que posee y que tal vez use ya con otros chicos.

Quiero que quede claro que, con estas observaciones, no estoy diciendo que ciertos problemas no existan desde lo físico y lo psicológico, pero debemos ser cuidadosos en la forma en que nuestros chicos son evaluados, ya que si esta evaluación demuestra realmente la existencia de un problema, que necesita de algún fármaco para su solución, se deberá hacer así, sin lugar a dudas; pero en forma paralela habría que rever y analizar los métodos que usamos para estas evaluaciones e introducir los cambios necesarios.

Esto nos va a asegurar que los chicos serán evaluados bajo nuevos paradigmas, contemplando las grandes transformaciones que se están sucediendo y las que vendrán en un futuro muy cercano. Esto nos indicará que estamos comenzando a aprender de nuestros hijos y ellos comenzando parte de su misión en esta Tierra, para que todos en conjunto descubramos al Dios que está dentro nuestro".

LOS NIÑOS ÍNDIGO Y LA VIOLENCIA

Hay un grupo de nuevos niños que tienen una gran ira y violencia desde muy pequeños. Ellos son poseedores de una gran cantidad de energía que necesitan aprender a administrar para mantenerse equilibrados.

Los Niños Índigo son a menudo muy inteligentes y creativos, pero también inconformistas, con una gran aversión por los sistemas, la incoherencia y cualquier tipo de autoridad. Muchas veces, tienen un cuerpo emocional inestable.

Esto hace que, cuando una situación no les agrada, muchas veces quieran eliminar o lastimar aquello que perciben que les impide lograr lo que desean.

Cuando uno les dice que esto no es correcto, no lo comprenden. Además de tener un cuerpo emocional inestable, son muy sensibles a las energías del entorno. Ellos captan y manifiestan todas las energías negativas que se encuentran en el ambiente que los rodea. En la escuela, muchas veces sus sentidos se ven sobrecargados por la presencia de tantos niños en un espacio pequeño. Para poder adaptarse a esta situación bloquean sus dones y capacidades, lo que puede traducirse en enojo y frustración.

También hay otros factores que pueden detonar acciones agresivas o violentas. En muchos casos, por ser tan sensibles levantan un escudo emocional para evitar el sufrimiento, lo que muchas veces puede transformarse en violencia.

Este sufrimiento proviene de sentirse diferentes, solos e incomprendidos tanto por sus pares como por los adultos. Por eso, no les importa nada y quieren causar dolor a la gente como venganza a lo padecido en sus vidas.

Esta insensibilidad provoca una separación entre el cuerpo y la mente, o sea, entre lo que sienten y hacen, generando un desequilibrio que les impide hacerse responsables de sus acciones. Cuando no pueden controlar la situación, surge la ira, el capricho, el pretender tener siempre la razón, y las situaciones violentas.

Para los niños, es una herramienta valiosa comenzar a comprender los efectos de sus acciones, para poder ir asumiendo poco a poco la responsabilidad de sus propias elecciones. Como ellos no sienten culpa, deben comprender que tanto la energía negativa como la positiva que generan regresará a ellos, amplificada.

Nunca antes se había escuchado acerca de niños que disparan a otros niños, como ha ocurrido en estos tiempos, por ejemplo en la Escuela Santana de California, EE.UU., en marzo de 2001. Estos niños habían sido maltratados y burlados por sus compañeros, y quisieron vengarse buscando hacer justicia por su propia mano.

No mataron por el solo hecho de matar. Es posible que estos niños "hayan sabido" que deben realizarse cambios en la escuela y eligieron el camino equivocado para llamar la atención.

En la actualidad, es la violencia la que nos está indicando que hay problemas en la sociedad. Por ello, es el método que algunos Índigo han elegido para señalar que es necesario cambiar el sistema escolar y el maltrato y la discriminación a quienes son diferentes por parte de sus pares.

De esta forma, pusieron sobre el tapete el asunto, atrayendo la atención de los medios locales, nacionales e internacionales. Cuando estos niños crezcan, llevarán esta necesidad de cambio a otros sistemas (la política, la justicia, etc.).

Como adultos, tenemos la responsabilidad de enseñarles a generar los cambios de manera pacífica, elevando nuestra conciencia de manera tal que ya no sea necesario que nos llamen la atención usando la violencia y la agresividad.

Tenemos que ser parte de la solución, tomar una actitud positiva con nuestros niños. Si los Índigo son contenidos y amados, ellos se elevarán y traerán grandes maravillas al mundo. Caso contrario, pueden desencadenar hechos de violencia en el hogar, en la escuela y en la calle.

Es importante destacar que ser Índigo no es un desorden, y que no todos los Índigo son agresivos. Es el momento de cambiar el modo de criar y educar a nuestros niños...

-¿Cómo podemos prevenir la violencia?

Entendiendo cómo trabajar con ellos efectivamente podemos prevenir este problema. Necesitan ser respetados. Necesitan libertad para desarrollarse, equilibrando supervisión y límites seguros. Necesitan ser contenidos y comprendidos, más allá de las diferencias y de nuestras propias expectativas. Los Índigo van a cambiar al mundo. Van a dar un vuelco a los sistemas actuales, empezando por sus familias y por las escuelas.

= El "Niño Nuevo"- enseñará al adulto- y el
adulto escuchará - por que, llegado será el
juego; Y la hora de la procreación superior
el instante O.M.

*El "Niño Nuevo" enseñará al adulto, y el adulto escuchará,
porque, llegado será el juego, y la hora de la procreación
superior y el instante OM.*

Capítulo 6
Cambiando la mirada

"Los conceptos vacíos pueden obstruir la mirada hacia lo esencial."

Henning Kohler

¿CÓMO PODEMOS AYUDARLOS?

A continuación enumeramos algunas sugerencias:

1- Utilizar técnicas que los ayuden a conectarse a tierra, ya sea creando rituales creativos y con un sentido profundo, utilizando visualizaciones, llevando la naturaleza al hogar o estableciendo conexión con ella.

2- Permitirles tener tiempo libre y un ambiente tranquilo es esencial para su bienestar mental.

3- La disciplina amorosa es vital para los índigo. Darles elecciones con la consiguiente explicación de sus consecuencias también es prioritario.

4- Encontrar una escuela que permita que su hijo aprenda a través de sus dones, utilizando tanto el hemisferio derecho como el izquierdo del cerebro.

5- Cubrir las deficiencias nutricionales y darles comidas integrales y completas que cubran sus necesidades.

6- Sanar a los padres implica sanar al hijo. Las relaciones insalubres ponen limitaciones a la unidad familiar.

7- Los padres que desarrollen una visión holística estarán mejor preparados para tratar con estos niños.

8- Aprender cómo funciona el cuerpo, la mente y el espíritu del niño.

9- Confiar en la propia intuición, ya que cada niño es único, y tiene necesidades, deseos y gustos propios. El objetivo es encontrar la manera de equilibrar, tanto al niño como a su familia, en la vida diaria.

10- Las medicinas naturales, incluyendo las hierbas y las terapias energéticas, funcionan bien con los Índigo, ya que ellos son extremadamente sensibles a la energía.

11- Explicarles claramente lo que se espera de ellos.

12- Darles las herramientas y las oportunidades para que puedan desarrollar sus capacidades.

13- Ser flexibles en nuestras expectativas y puntos de vista relacionados con ellos.

14- ¡Escucharlos! Son sabios y sabrán cosas que nosotros no sabemos.

15- Tratarlos con respeto y honrar su existencia en la familia.

16- Hacerles saber que apoyamos sus esfuerzos y los valoramos en la diferencia.

17- Enseñarles a autodisciplinarse y administrar su propia energía.

18- No mentirles nunca, más allá de la edad que tengan; ellos siempre lo sabrán.

19- Si los llenamos de amor, paciencia y armonía, florecerán para siempre.

EJERCICIOS Y SUGERENCIAS

A continuación sugerimos algunos ejercicios que hemos utilizado con los niños en distintos trabajos y que han dado resultados positivos.

-Anclaje

Una de las causas de la hiperactividad y la distracción es la gran sensibilidad que tienen los Índigo a los estímulos. Aunque esta

capacidad puede causar confusión y sufrimiento, es verdaderamente un don. Cuando es canalizado en forma adecuada, trae
armonía al desarrollo del niño.

Muchos niños se distraen debido a su capacidad de captar un
fluido continuo y veloz de energía intuitiva. Enseñarles a los niños lo que pueden hacer con esta estimulante información es la
forma más efectiva de ayudarlos a concentrarse y encontrar la
paz.

Esta visualización puede ayudarlos a lograr este propósito:

> *Cerrar los ojos, hacer tres respiraciones profundas e
> imaginar un cordón conectado al chakra raíz (es decir,
> al centro de energía que se encuentra en el coxis). Este
> cordón atraviesa el suelo y llega hasta el centro del pla-
> neta. Puede ser como cada uno se lo imagine, siempre
> que tenga la posibilidad de ser un vehículo para que la
> energía pueda trasladarse. Una vez que sientan la co-
> nexión del cordón con el centro del planeta, imaginen
> partículas de energía saliendo de todo el cuerpo hacia
> el chakra raíz. Estas partículas coloreadas representan
> la energía que ya no es necesaria. Ahora soltar el cor-
> dón, y éste se dirigirá al centro de la Tierra donde
> encontrará su energía complementaria y se equili-
> brará. (Como ya no la necesitamos, ésta va adonde es
> necesaria.)*

También puede ser útil para conciliar el sueño, cuando necesiten
encontrar tranquilidad después de una actividad intensa o estén
atrapados en una situación frustrante. También es bueno que
hagan un dibujo de sí mismos y el cordón para enraizarse, para
que tome forma real en su mente.

Muchos niños tienden a salir o viajar fuera de sus cuerpos, lo que los hace ser muy distraídos y aparentar tener desórdenes de atención. Anclar su energía en el cuerpo los ayudará a estar en el momento presente. Simplemente, hacer que el niño imagine una luz blanca que desciende, comenzando por su cabeza y bajando por todo el cuerpo, por los brazos hasta la palma de las manos, por las piernas hasta la planta de los pies y por la columna hasta el coxis. Hacer que visualicen todo descendiendo hacia la Madre Tierra, y que luego echen raíces como un árbol.

La información intuitiva también se manifiesta intensamente en sueños. Por eso también es una buena idea incentivar a los niños para que comprendan cómo los sueños se relacionan con su vida. Llevar un diario con los sueños ayuda a recordarlos y sobre todo a liberar la información. Escribir es una actividad esencial para los Índigo que se encuentran en edad escolar, para ayudarlos a concentrarse y lograr la paz interior. Expresarse en un diario les permite traer orden al caos que les produce una intuición exacerbada.

-Limpieza y equilibrio energético

El trabajo energético es una gran forma de ayudar a los niños cuando se utiliza para limpiar tanto su espíritu como su entorno. Los Niños Índigo son esponjas energéticas. Ellos absorben la energía que los rodea, especialmente la de su propio entorno, y la única forma que conocen para liberarse de ella es actuarla.

Esto los puede volver violentos, tanto física como verbalmente. Las siguientes actividades son herramientas útiles para liberar estas energías:

- Ayudar a los niños para que se concentren en sus sentimientos, tal vez en algo que haya sucedido ese día o para que se conecten con un momento en el que hayan sentido resentimiento, miedo, tristeza.

- Pedirles que los soplen adentro de un globo (puede ser real o imaginario). Que lo hagan todo el tiempo que lo necesiten hasta que logren liberar todos sus sentimientos. Luego, que agradezcan al universo por transmutar o limpiar todo lo que se encuentra en el globo en amor y energía sanadora.

- Soltar el globo. Observar cómo el niño se divierte viendo al globo volar por todo el lugar, mientras la energía se eleva y cambia.

-Medicamentos naturales

"Yo, cuando nací, era alérgico a muchas comidas; por eso mis padres, mis hermanos y yo cambiamos la forma de comer. Nos mudamos a Rawson *(en la provincia de Buenos Aires, Argentina)* porque a mí no me gustaba mucho el ruido, y por la comida. Para mí... eso es amor."

Uriel Nicolás Fernández,
10 años

* Le pedimos al Dr. Claudio Burga Montoya que nos contara su experiencia en el tratamiento de los Niños Índigo y nos diera sus sugerencias con respecto a la alimentación más adecuada para ellos y los medicamentos naturales que podemos utilizar como una alternativa a la medicación alopática:

"Los niños vienen a enseñarnos la sabiduría de lo simple, de la naturalidad y la inocencia. Tienen un modo igual o más evolucionado de ser que el nuestro, y depende de nosotros el desarrollar o bloquear esta evolución en nuestras familias y en el mundo.

Tenemos esa gran responsabilidad y les aseguro que es un placer estar a la altura de las circunstancias. Pero ¿qué pasa si algún lector no siente como una bendición criar a estos niños? Lo primero que sugiero es revisar qué patrones de conducta están equivocados o son limitantes en relación al niño. ¿Por qué el chico reacciona de la manera que lo hace? ¿Qué es lo que la familia genera? ¿Indiferencia, poca atención, sobreexigencia, intolerancia por sobreocupación de los padres? ¿Qué tipo de alimentación consume?

Los caprichos de los niños, que también son deseos exacerbados de alimentos (síntomas homeopáticos) producen un desequilibrio en su alimentación. Muchas veces se toma como normal que un niño quiera tomar leche como cena. Esto tiene que ver con la falta de límites y ellos los necesitan porque así se creará una conciencia de que hay situaciones en las que uno debe saber decir no. ¿Cómo se cura? Aquí comenzaré a esbozar la introducción en el conocimiento de la curación con una anécdota.

Era una niña de cinco años que toda su vida había tomado antibióticos por una infección renal. Era extremadamente inquieta y no hacía caso a casi ninguna sugerencia de la madre. Esto me hizo pensar cuánto la habían desequilibrado al intoxicar de manera permanente al organismo.

Muchas veces nos cuesta pensar en el cerebro como un órgano que cuando se irrita por químicos altera el comportamiento. Lo cierto es que esa infección fue superada al mes de un tratamiento natural sumado a su medicamento homeopático, (y esto lo digo para desmitificar la lentitud de estos tratamientos), pero equilibrar semejante ansiedad sí iba a llevar más tiempo.

Hay una ley homeopática que dice que cuando se suprime un síntoma se genera un desequilibrio mayor: por ejemplo, se le elimina una erupción en la piel y sobreviene un cuadro de broncoespasmo. Por esta misma razón creemos que el tratamiento farmacológico no es la mejor elección. Siempre se va de las medicinas blandas o inocuas (homeopatía, naturismo, fitoterapia, medicina floral, digitopuntura y otras) a las medicinas duras (medicamentos de origen sintético con efectos adversos), que en absoluto negamos que sean necesarios en algún momento en la vida de un paciente.

Con respecto a la hiperactividad que a veces sufren estos niños, el medicamento homeopático equilibrará la inquietud física, la ansiedad, la concentración difícil, la intolerancia a la contradicción, el contradecir en palabras o en acciones a los demás, la irritabilidad por diversas causas, la desobediencia, la agresión física.

Les transmito estas experiencias para disipar miedos. También los deseos exacerbados de dulces, sal, harinas y grasas pueden ser equilibrados. Esto es importante debido a que muchos de los chicos que tienen hiperactividad padecen hipoglucemia (alteración en el metabolismo de la glucosa por excesivo consumo de dulces o harinas refinadas).

A medida que se equilibra el deseo de dulces, también lo hace la hiperactividad y sus otros síntomas, sanando así la totalidad y no síntomas aislados, con un medicamento inocuo.

Es importante estudiar neurológicamente al chico para determinar si hay áreas cerebrales con disfunción. Se puede trabajar con auriculoterapia en las zonas correspondientes.

Es bueno diferenciar los síntomas mentales de los padres de los síntomas de los chicos. Por ejemplo: progenitores dictatoriales / hijos sumisos, rebeldes u obstinados; y en estos conflictos relacionales a veces no hay un reconocimiento de la responsabilidad mutua, con lo cual se tapa el problema sedando al niño con un fármaco indicado por un médico, y así se pierde toda posibilidad de revisar qué pasa a nivel familiar.

Cuando se da este caso, es necesario que el tratamiento sea de ambos; caso contrario, esto se convertirá en un obstáculo a su curación, ya que rige el principio de acción y reacción: a determinada acción de los padres, le seguirá una reacción del chico.

Por eso es importante explicar nuestras decisiones para llegar a un *acuerdo* (esta palabra deriva de *cordis*, que significa corazón)".

-Alimentación

* Con respecto a la alimentación, el Dr. Burga Montoya aconseja:

"Hay que afirmar su sabiduría al elegir los alimentos. Ellos saben lo que su cuerpo necesita, excepto que haya un deseo exacerbado de algún alimento. Es aconsejable desde que empiezan a ingerir alimentos sólidos comenzar con sopa crema de vegetales (verduras licuadas, cocinadas de seis a ocho minutos), con base de zapallo o batata para darle un sabor más dulce, logrando mayor aceptación.

Disminuir los alimentos demasiado fuertes como carnes, lácteos, huevos, exceso de sal (mejor sal marina). Hacer participar a los chicos en la elección de los alimentos, así como de la preparación de ellos, para que se identifiquen haciéndolo propio, logrando mayor aceptación.

Es frecuente ver en la consulta que a los chicos no les gustan las verduras, en cuyo caso se las licúan haciendo sopas a las que se le pueden agregar avena o cualquier otro cereal".

- *Polaridad*

El doctor aconseja en casos de hiperactividad o falta de concentración que consuman alimentos que crecen por debajo de la tierra (raíces y tubérculos) y los que crecen al ras, como las coles (coliflor, brócoli, espárragos, repollo, akusay y verduras de hoja). Éstos se consideran electronegativos. También son aconsejables los neutros: aceite de girasol, maíz, sésamo, almendras, cereales integrales, frutas oleaginosas, legumbres, melaza, semillas de lino, huevo.

Con respecto a la cafeína (café, té, mate), a los niños les hace mal; además el café es muy alergénico, y esto incrementaría la hiperactividad. También hay que tener en cuenta que los colorantes artificiales agravan esta condición. El chocolate entra en el grupo de sustancias alergénicas, siendo peor el de las tortas, galletitas y recubrimiento de ciertas golosinas que una barra de chocolate.

Otros alimentos alergénicos son: lácteos, café, harinas refinadas de trigo, naranja, tomate, frutillas, kiwi, maíz, levadura, huevo, pescados, soja transgénica (por eso aconsejamos, en lo posible, soja y todos los alimentos que consigan orgánicos, o sea sin pesticidas, que también son alergénicos).

Algunos síntomas de alergia son: hinchazón abdominal luego de comer, colon irritable, gastritis, erupciones en la piel, ansiedad, hiperactividad, irritabilidad, etc., aunque no es la única causa de estos trastornos.

Minimizar los fritos y las grasas de carnes, quesos y cremas, para no generar un exceso de energía en el hígado que produce más agresividad. La explicación es que los alimentos ácidos (carnes, harinas, dulces) irritan las células de todo el organismo, con lo cual la persona estará más irritable si se alimenta mal.

- Son útiles los alimentos ricos en *triptofano*: yoghurt, avena, huevos.

- *Los betacarotenos* son buenos para el control de la alergia y como antiinfecciosos (fuentes: zanahoria, zapallo, verduras de hoja verde oscura, damasco, durazno, palta, mango, batata).

- *La vitamina B1* (tiamina) fortifica los nervios y da soporte ante situaciones de stress.

El excesivo consumo de azúcar la disminuye. Se encuentra en la levadura de cerveza no leudante, en los espárragos, el arroz integral, los porotos, los frutos oleaginosos y las semillas y en el germen de trigo.

- *La vitamina B2* se consume en estados de stress (fuentes: brócoli y yoghurt).

- *La vitamina B3* es importante en el caso de que padezca hipoglucemia (fuentes: almendras, paltas, levadura, porotos, productos de soja orgánica).

- *La vitamina B5* favorece la producción de corticoides endógenos, importante para la alergia (fuentes: cereales integrales, levadura, champignones, batata, brócoli, legumbres, castañas de cajú, semillas de girasol, paltas).

- *La vitamina B6* es importante en la producción de neurotransmisores, como la serotonina, la dopamina y otros. La serotonina se encarga de brindar una sensación de bienestar (fuentes: levadura, semillas de girasol, lentejas, garbanzos, paltas, espinacas crudas, papas ciruelas, cereales de grano entero, soja orgánica).

- *La vitamina B12* mejora la fatiga y la falta de concentración, y se encuentra en huevos, yoghurt y quesos, y las fuentes vegetales son de cantidad variable: miso, algas, yoghurt a base de leche de soja, spirulina, etc.

En caso de niños que rechazan naturalmente la carne o los pescados, se recomienda que incorporen esta vitamina a través de los lácteos. El más aconsejable es el yoghurt.

- *La vitamina C* es indicada en alergias y como inmunoestimulante. Se encuentra en las frutas; el limón y la mandarina son los cítricos menos alergénicos. Está también presente en cerezas, moras arandano, manzanas, etc. y en el coliflor, el brócoli, la papa y las verduras verdes crudas.

- *La vitamina E* tiene como función principal estabilizar las células de todo el organismo, con lo cual actuará en las alergias (fuentes: frutas oleaginosas, semillas de girasol, de lino y de zapallo, productos derivados de la soja, germen de trigo y su aceite).

Entre los minerales:

- *Hierro*. Según Rudolph Steiner, creador de la Homeopatía Antroposófica, este mineral favorece un mayor anclaje para las personas que son demasiado etéreas y no les interesan demasiado sus circunstancias; tal vez nos evoque la imagen del anémico. Esto se debe a la propiedad magnética del hierro. Además, se encarga de transportar el oxígeno a través de la hemoglobina. Su carencia produce problemas en el aprendizaje. Fuentes: algas, melaza, tofu orgánico, porotos mung y otros porotos, levadura, avena, semillas de girasol y de zapallo, mijo, perejil, almendras, ciruelas desecadas, castañas de cajú, hojas de remolacha, arvejas, brócoli.

Importante: el hierro de origen vegetal sólo se absorbe en presencia de la vitamina C. (Esto quiere decir que tenemos que tener una buena ingesta de esta vitamina.)

- *Zinc*. Participa en la formación de insulina (hormona que regula el metabolismo de la glucosa), además de ser esencial para el sistema inmunológico. Fuente: jengibre, semillas de zapallo, girasol, trigo entero, germen de trigo, centeno, frutas oleaginosas, arvejas, papas, nabos, ajo, perejil, zanahoria orgánica, huevo.

- *Magnesio*. Es necesario para el funcionamiento del sistema nervioso. Buenos niveles de este mineral en el organismo contribuyen a la estabilidad emocional y a la relajación muscular. Es usado para la hipoglucemia. Fuentes: algas, verduras verde oscuras crudas, cereales de grano entero, germen de trigo, almendras, castañas de caju, melaza, levadura, tofu orgánico, paltas, perejil, semillas de girasol orgánicas, ajo, arvejas, remolacha, zanahorias, brócoli, espárragos, coliflor, berenjenas.

- *Manganeso.* Favorece la utilización de glucosa a nivel cerebral y trabaja en el control de la glucosa en la sangre. Fuentes: vegetales verdes inclusive perejil, porotos, frutas oleaginosas, cereales integrales, zanahorias, nabo, pasas de uva, pan de centeno y algas.

- *Cromo.* Regula el metabolismo de la glucosa. Fuentes: levadura, cereales integrales, aceite de maíz, uvas, papas, germen de trigo, manzanas, espinacas, arvejas frescas, zanahorias, repollo.

- *Cobre.* Ayuda a que el hierro se absorba y su carencia provoca disturbios cerebrales. Fuentes: algas, melaza, pasas de uva, porotos.

- *Metales pesados.* Estudios científicos demuestran que niños con déficit de atención e hiperactividad a menudo tienen exceso de metales tóxicos en su cuerpo. Consulte a un médico para que haga estudios de estos metales en el organismo.

Entre los llamados medicamentos espirituales:

- *Amor.* Establecer un intercambio amoroso con los niños, prestándoles atención con una mirada exclusiva a sus asuntos, como mínimo durante 50 minutos.

- *Espacios de silencio.* Pausas o intervalos entre pensamientos que harán que el niño cambie de ritmo. Cuanto más pongan en práctica estos espacios, más centrados se van a sentir ambos.

- *Luz interior.* Cerrar los ojos y ver la luz que hay dentro.

- *Positividad.* Resaltar los aspectos positivos de ellos y de sus amigos, a fin de crear una mayor conciencia de su verdadera esencia.

- *Respiración.* Enseñarles a disfrutar de la entrada de aire en el cuerpo y de que nos dé vida. Es aconsejable hacer pequeñas pausas entre la inspiración y la espiración, que tiene como sentido cambiar el ritmo respiratorio y de la persona en su totalidad.

-Terapia vibracional

* El psicólogo y terapeuta floral Elzear Kuster nos cuenta su experiencia con Niños Índigo:

> "En el caso de los niños, debemos tener en cuenta que traen a este mundo una clara misión que cumplir, pero que no siempre les resulta evidente a ellos mismos, teniendo además que cargar con características físicas, emocionales y psíquicas exaltadas. Esto establece notorias diferencias con los niños a los que estábamos acostumbrados a tratar.
>
> La situación se agrava si el entorno en el cual el chico se desarrolla es indiferente o promiscuo, escéptico u hostil. Si, por el contrario, nos encontramos con un ambiente en el que los padres entienden quién es su hijo y por qué está entre nosotros, resultará beneficioso para el niño y será de gran ayuda en su desarrollo".

Vamos a ver a continuación algunos casos de referencia, para dejar más en claro estas ideas, citando las esencias florales utilizadas:

a) El equilibrio de una emoción

* En una consulta, se presenta una mamá con su hijo de 6 años con problemas para dormir, pesadillas y culpa. "No quiero que mamá se despierte por mí", y miedo por cosas que, según la mamá, "imaginaba". El miedo se trató con *Mimulus*, la culpa con *Pine, Chesnut Bud* para ayudarlo en el proceso de reconocer que lo que "imaginaba" existía y era bueno para él ver a sus "ángeles", como los comenzó a llamar luego de un tiempo.

Más adelante, se agregó en las combinaciones *Saint John's Wort* para estados de conciencia expandida, que a este niño lo hacía vulnerable no sólo psíquica sino también físicamente. Durante el año que duró su tratamiento logró revertir todos sus problemas.

b) Desarrollo de la creatividad

* Ezequiel (5 años) mostraba una hiperkinesia que a sus padres los ponía muy intolerantes con él. Mostraba, además, un perfil por la plástica a través de la pintura y el trabajo con plastilina pero sin ningún tipo de orden. Se redujo su hiperactividad con *Impatiens, Black Eyed Susan (Bush Flower Essences)* y *Vervain*. Esa energía se enfocó hacia lo creativo con *Clematis* y *Bush Fucsia (Bush Flower Essences)*.

Meses después, sus padres no podían creer los cambios positivos logrados por su hijo y estaban orgullosos del "artista" que tenían en su casa.

c) Ayuda floral para la canalización de mensajes espirituales

* Según sus padres, Débora, de 11 años, escuchaba mensajes que ella decía que eran de sus ángeles. Dado que ellos tenían un camino espiritual de muchos años, manifestaban temor por los mensajes que podía llegar a recibir su hija y el origen de ellos (aunque hasta ese momento no había ninguno que hubiera sido negativo).

Conversando con Débora, se le explicó cómo algunas esencias florales podrían ayudarla a estar más receptiva y tranquila, sabiendo que esos mensajes provenían realmente de seres de luz.

Tomó regularmente combinaciones florales durante 6 meses. Entre otras, tenían incorporado *Fringed Violet* y *Angelsword (Bush Flower Essences)*. Luego de cuatro años sin inconvenientes, sigue tomando periódicamente sus flores, sin haber recibido mensajes negativos.

Ésta es sólo una referencia a algunos casos, a modo de ejemplo, en los que se ha omitido el tratamiento seguido paralelamente por la madre y/o el padre.

Queda claro que no podemos sacar al niño del contexto de su familia, ya que ésta también debe ser ayudada en la tarea de educar a uno o varios Niños Índigo, y el éxito de esta tarea también pasa por tratar a la familia como una unidad.

Los padres necesitan también realizar un aprendizaje a través de la crianza y la educación de sus hijos. Además, hemos encontrado alguna vez entre los mismos padres ciertas características de Adultos Índigo.

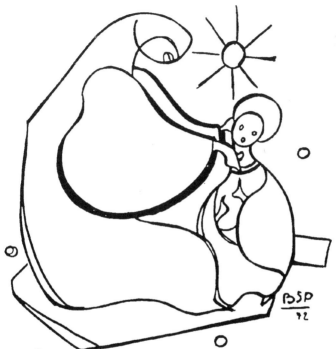

= El "Niño Nuevo" - dejará de ser muñeco - para
integrarse a la responsabilidad de la
hora once - El "Niño Nuevo" será - además:
joven y hombre en madurez -

*El "Niño Nuevo" dejará de ser muñeco para integrarse a la
responsabilidad de la hora once. El "Niño Nuevo" será, además: joven y hombre en madurez.*

Psicografía de Benjamín Solari Parravicini (1972)

Capítulo 7
El rol de los adultos

"Eres responsable de las promesas que haces, los acuerdos que aceptas y los resultados de tus acciones, y deberás asumir las consecuencias de todo ello en tu evolución eterna."

"Mensaje desde la eternidad"
Marlo Morgan

FACILITAR SU PARTICIPACIÓN

A medida que los niños van creciendo, necesitan formar parte de las tareas que se realizan en el hogar y la escuela, ya que esto los ayudará a integrarse a la dinámica familiar y social desde un rol activo y participativo.

Cuanto más espacio les demos, más conciencia tendrán de cuál es su lugar, y naturalmente irán incorporando la experiencia de hacerse responsables de sus propios actos.

Esto les generará una comprensión de la causa y el efecto a partir de la propia vivencia. No debemos olvidar que ellos vienen a cambiar la sociedad desde el lugar que les toca. Por el contrario, si no los dejamos elegir y participar de las decisiones, sentirán que todo cuanto acontece es algo ajeno a ellos, lo que les provocará una gran inseguridad interior.

En EE.UU. se hizo una experiencia con una familia a la que le sugirieron darle una responsabilidad diferente a cada uno de sus tres hijos. Se instalaron cámaras de video en el hogar a fin de seguir el procedimiento.

Cuando revisaron las imágenes, se reveló que en la mayoría de las situaciones los padres interferían en las acciones de sus hijos.

Por ejemplo: si a uno de los chicos le correspondía poner la mesa, aparecía un adulto que lo corregía y terminaba ayudando al niño a cumplir con su tarea. A una de las hijas le dieron la responsabilidad de sacar la basura en determinado horario.

En una ocasión se vio que, en el momento en que fue a abrir la puerta, apoyó la bolsa en el piso y su madre la retó con mucha severidad por temor a que manchara la alfombra. Finamente, fue la madre quien terminó sacando la basura. Este ejemplo muestra el doble mensaje que a menudo reciben los niños.

Es muy saludable que los niños participen de la dinámica familiar e incorporen tareas que los conecten con el sentido de la responsabilidad, a la vez que se les enseñe a sobrellevar las consecuencias. Pero no debemos olvidar lo importante que es transmitirles nuestra confianza y la idea de que toda actividad lleva un proceso de aprendizaje.

DARLES OPCIONES

Permitámosles hacer elecciones lo antes posible. Por ejemplo: en el momento de cenar, démosles a elegir más de un plato para comer. Aunque nosotros elijamos las opciones del menú, ellos tendrán la posibilidad de participar de la decisión.

Cuando se sienten a la mesa tratemos de no darles la orden de una forma imperativa; es saludable darles a elegir de una manera amable en qué silla se quieren sentar. La idea es que tengan la posibilidad de elegir lo máximo posible, ya que esto los ayudará a sentirse integrados y confiados en ellos mismos.

En la actualidad, los seres humanos tenemos una falsa idea de lo que significa una verdadera elección. Debemos tener en cuenta que para que una elección sea verdadera debe ser realizada con la conciencia.

¿Nos hemos preguntado alguna vez cuántas elecciones verdaderas hemos hecho en nuestras vidas? ¿Realmente hemos elegido a nuestros amigos, escuelas o trabajo? Si es realmente así, ¿por qué nos cuesta tanto aceptar lo que nos sucede? Cuando uno elige realmente, acepta naturalmente el resultado. Para que los niños puedan elegir verdaderamente, primero deberán sentirse íntegros.

En cuanto al niño, el hecho de reflexionar: ¿les estamos dando las opciones adecuadas?, ¿le decimos constantemente lo que tienen que hacer?, cuando les damos a elegir ¿honramos su elección o se la cuestionamos? Darles una consigna, explicarles el objetivo y permitir que ellos resuelvan la situación, hará que ellos asuman la responsabilidad de la acción. El poder elegir los hará responsables.

ENCONTRAR LAS REGLAS ADECUADAS

Como todos los niños, los Índigo también necesitan límites concretos. En general, solemos proyectar las culpas o los chantajes emocionales que hemos padecido en nuestra niñez, pero esto no produce ningún efecto en ellos, así como tampoco comprenden el porqué de nuestra actitud.

En los establecimientos escolares se preguntan habitualmente por qué no responden a las órdenes que se les imparten. Es muy difícil que un Niño Índigo forme fila en el momento en que se lo pidan. Es común que presente una rebeldía natural a todo lo que le llegue como una orden. Lo adecuado sería explicarles el objetivo de lo que se les está pidiendo. Por ejemplo: "Vamos a pasar al comedor y tienen cinco minutos para formar una fila".

De esta forma, incorporamos un tiempo a la consigna y les damos la posibilidad de participar y hacerse responsables de lograr la concreción en forma grupal. Muchas personas tienen temor de sus hijos, miedo de sus emociones, de su poder. Estos padres permiten que sus hijos se vuelvan tiranos y fuera de control. Pero si tratamos de disciplinar a nuestros hijos con nuestras ideas y omitimos las que les importan a ellos, en lugar de desarrollarse positivamente generamos resentimiento.

Este tema preocupa especialmente a padres y maestros. ¿Cómo encontrar el equilibrio entre el respeto, los límites y la disciplina? ¡La disciplina no es castigo!

La palabra "disciplina" proviene de discípulo, de aprender. Por lo tanto, hay que tener en mente que el propósito es enseñarles a los niños cómo vivir en este mundo, teniendo en cuenta las leyes del universo, especialmente la Ley de causa y efecto. Los niños necesitan comprender las reglas y cómo funcionan las cosas en el universo, en la Tierra, en la escuela y en casa.

Revisemos qué reglas tenemos en casa. ¿Tenemos demasiadas o sólo las relacionadas a los asuntos que realmente necesitamos? ¿Son las que nos imponían nuestros padres o son las que elegimos por nosotros mismos? Estos niños nos proponen que examinemos cada una de estas reglas y encontremos aquellas que son realmente importantes para nosotros y ellos.

Cada niño es diferente y requiere un tipo de disciplina personalizada. Lo que funciona con un niño no lo hace con otro. Por lo tanto, es bueno que seamos creativos para encontrar las reglas adecuadas para cada niño y cada situación.

También podemos pedirles que participen en la creación de estas reglas y en cuál debería ser la sanción si no se cumplen. Podemos negociar con ellos, permitiéndoles ser parte de la solución.

Para que los niños respeten los horarios, hemos comprobado que es importante avisarles un rato antes cuáles son los pasos a seguir. Por ejemplo: antes de irnos de un lugar, avisarles 10 minutos antes para que ellos puedan terminar sus actividades y se sientan respetados. Si no les avisamos, lo más probable es que nos digan: "¿Ya nos vamos? ¿Por qué? Me quiero quedar un rato más", y hasta hagan un berrinche. Si les avisamos, significa que los estamos tomando en cuenta y entonces ellos también lo harán con nuestro pedido.

¿Qué sucede si la disciplina no es considerada sólo restricción sino expansión? Si no logramos que tomen esta interpretación, vamos a tener dificultades en ayudarlos. Si imponemos toda clase de normas y reglas porque creemos que esto les enseñará disciplina, debemos asegurarnos de tener una buena razón para cada una. Si no es así, no aprenderá sobre la disciplina sino sobre la tiranía.

Los niños no aprenden a comportarse de un modo u otro con meras palabras. Lo hacen a través de nuestro comportamiento. Si deseamos que el niño entienda lo que nos parece, debemos vivir lo que tratamos de enseñarle, actuar de manera tal que respaldemos la instrucción que le damos. Si predicamos una cosa y hacemos otra nos convertimos en personas poco confiables ante sus ojos.

Ellos pueden leer en nosotros como si fuéramos un libro, ya que tienen la capacidad de percibir la verdad de nuestro campo áurico en su propio campo. Podemos ocultarnos nuestros verdaderos sentimientos, pero no a ellos.

Pueden percibir cuando les mentimos, porque nuestras palabras no coinciden con lo que ven y sienten de nosotros. Incluso, nos muestran cómo nos engañamos a nosotros mismos.

Por ejemplo: cuando decimos que estamos felices de visitar a la abuela pero nuestro campo energético dice otra cosa, para los niños esto es una mentira. No es integridad. Esto genera desconfianza, y hace que no confíen en nosotros.

* Carolina es una niña de cinco años que carga con la tensión de toda la familia. Ella expresa todo lo no dicho por sus padres y familiares con los que convive. Como no se siente segura, no puede poner de manifiesto ni expresar sus sentimientos. El clima que hay en su casa y las situaciones no dichas, hacen que ella las ponga en evidencia con su comportamiento.

Sus padres no comprendían la causa de ese comportamiento, su aparente agresividad y negativa a aceptar los límites. Al sentir que no tiene elección, ella se siente furiosa y a la vez defraudada por esta situación. En el trabajo surge que toda esta tensión podría canalizarse al entrar en contacto con la música. Por otra parte, los padres y quienes traten con ella deben comprender que, por sus características, ella sólo aceptará límites en la medida en que perciba coherencia por parte de quien trate de imponérselos.

Si tenemos constantes problemas con ellos porque mienten, no escuchan, desobedecen o muestran enojo desmedido, debemos mirarnos a nosotros mismos y a quienes nos rodean.

Ellos nos dan la oportunidad de reflexionar sobre nosotros mismos, conocernos más y modificar aquellas cosas que, sin su ayuda, nos serían mucho más difíciles.

COMUNICARNOS SINCERAMENTE

"La comunicación no es tan solo intercambio de palabras, por bien articuladas y claras que estas palabras puedan estar; es algo mucho más profundo que eso. La comunicación es aprender uno de otro, comprenderse el uno al otro."

"Carta a las Escuelas"
Krishnamurti

Como tienen una gran percepción del campo emocional de las personas, y se dan cuenta intuitivamente cuando se los engaña, normalmente son los primeros en percibir que algo está pasando en su familia, aunque muchas veces sean los últimos a los que se les comunican las decisiones.

Por ejemplo: cuando hay un problema matrimonial y los padres tienen pensado separarse, los niños son los primeros en darse cuenta. Incluso, muchas veces perciben el conflicto mucho antes de que los adultos lo hayan sincerado.

Cuando directa o indirectamente ellos tratan de corroborar lo que perciben, los padres se lo niegan pensando que ocultándoles la realidad los preservarán de un sufrimiento innecesario. Pero en realidad, lo que les provoca es un sentimiento de disociación entre lo que perciben y lo que obtienen como respuesta.

* Magdalena nos cuenta su experiencia:

> "Tres meses antes de separarme de mi marido, mi hijo menor (que en ese momento tenía tres años) me preguntó porqué no me buscaba un novio. A mí me sorprendió su pregunta y le expliqué que yo no necesitaba un novio ya que estaba casada con su padre, a lo que él me respondió: 'Sí, pero papi ya no te besa como antes'".

La clave está en lograr una comunicación sincera y honesta. Mostrar nuestra vulnerabilidad y nuestras falencias les permite sentirse más seguros, ya que pueden corroborar que lo que perciben es verdadero y que es respetado y aceptado.

* Una madre con su hijo de siete años vino en una oportunidad a consultarnos sobre ciertas conductas del niño que no lograba modificar. El niño hablaba constantemente y difícilmente aceptaba los límites que trataba de imponerle.

Durante el trabajo surge que en la familia falta comunicación. La madre dice que esto no es cierto porque tanto ella como su marido responden a todas las inquietudes de sus tres hijos y no hay temas tabúes sobre los cuales no está permitido hablar. Entonces, el niño que estaba dibujando, levantó su cabeza y dijo: "Mami, ¿qué pasa con los sentimientos?".

En ese momento, la madre comienza a llorar y dice que en realidad le cuesta mucho expresar lo que siente, que es algo que le sucede desde chica y que no cree que pueda modificar y que se siente incapaz de hacer lo que el niño necesita de ella.

Entonces el niño se para, la abraza y le dice: "Vos podés ayudarme y papi también". El chico tenía plena confianza en sus padres, en la posibilidad de evolucionar hacia una comunicación verdadera.

Cuando se sienta irritado o impaciente y ellos les demanden su atención, trate de no expresarles su enojo diciéndoles por ejemplo: "¡Ahora no me molestes que estoy muy ocupada!".

Es mejor explicarles que uno está momentáneamente alterado por circunstancias ajenas a ellos, y que en otro momento va a poder prestarles la atención que se merecen.

Si por algún causa nos enojamos con ellos, es muy importante que entiendan claramente el motivo, y si es posible debemos explicarles qué es lo que se espera de ellos. Con los Índigo, la culpa no funcionará como cuando nosotros éramos niños.

"Le voy a contar a tu papá" es una frase que no nos dará los resultados esperados. El niño ni siquiera reaccionará ante el temor de que su padre se entere de lo que hizo, ya que él sabe intuitivamente quién es, y esto permite que se apoye en su conocimiento interno aunque reciba una fuerte presión para obedecer una autoridad externa.

Esto hace que frecuentemente sean castigados, rechazados o ignorados. Lo peor que pueden hacer los padres es menospreciar o avergonzar a uno de estos niños para lograr que se comporten como ellos desean.

Ante esta situación, los niños se sentirán aislados y con una enorme pérdida de confianza en ellos mismos.

Decir la verdad, ser auténticos, abiertos, escuchar, prestar atención y limpiar nuestros viejos mecanismos, es algo fácil de decir pero no tan fácil de hacer.

Ahora es nuestra oportunidad de comenzar, pidiéndole ayuda a nuestros niños, a nuestra guía interna y al ser interno de nuestros hijos.

En síntesis: mantener la mínima cantidad de reglas, permitir y alentar las elecciones con sus posibles consecuencias, ser claros y sinceros con respecto a nuestras necesidades y sentimientos sin sentirnos culpables y permitirles a ellos ser sinceros con las suyas, nos permitirá tener una convivencia pacífica y beneficiosa para ambas partes.

* La siguiente es la experiencia de Lara Sánchez, profesora en Ciencias de la Educación especializada en Teatro, del Instituto "F. Bernasconi" de la Ciudad de Bs. As., año 2002.

"Al comienzo del año noté especialmente a un niño de siete años con características diferentes, muy difícil de *manejar* y con muchas dificultades para relacionarse con los otros niños. Antes no había experimentado dificultades en cuanto a límites o autoridad. Había trabajado con niños, adolescentes y adultos siendo yo muy joven, y me sentí siempre muy cómoda en la relación que mantenía con mis alumnos. Estaba absolutamente convencida de que si se establecían claramente las consignas de trabajo, en un marco de verdadero respeto e interés por los alumnos, ellos respondían claramente y con respeto.

Osvaldo (tal su nombre) me sorprendió, y luego vinieron otros 'Osvaldos'. No lograba entender sus 'respuestas'. Al hablar con su mamá, me enteré de que el niño estaba medicado, diagnosticado como 'hiperkinético disperso' y con tratamiento psicológico. 'Debí enterarme antes', pensé, pero esta mamá sentía entre vergüenza y miedo por 'confesármelo'.

Supe que había profesionales que trabajaban con este tema, desde un punto de vista más amplio y profundo que la medicina occidental, y decidí consultarlos. Después de informarme sobre el asunto, descubrí que Osvaldo era un Niño Índigo. Entonces, me dieron ciertas pautas para manejarme (no ya manejarlo) con él, que inmediatamente puse en práctica.

Al iniciar la clase siguiente, le pedí disculpas frente al grupo por haberlo tratado de payaso, y expliqué que no lo había entendido, y que a partir de ahora yo y todos íbamos a tratar de comprenderlo. Hablé con su madre, y le dije que juntas íbamos a tratar de encontrar una buena relación con el niño.

En las clases siguientes, plantee otra vez consignas claras pero esta vez con opciones A, B y C; aunque para mí fueran todas A. Logré, muy contenta, que Osvaldo trabajara, aunque todavía lo hiciera en forma individual. No se integraba a trabajar con sus compañeros ni en parejas o pequeños grupos, y menos aún en trabajos colectivos. Cuando la consigna era grupal, él molestaba o no trabajaba.

La relación conmigo en lo personal era excelente; siempre me saludaba con un beso, cuando a la madre no le permitía acercársele. Esto hizo que la madre me tuviera confianza. Hablé reiteradas veces con ella, para que comprendiera y respetara la forma en que yo elegía tratarlo. Y le dije que quería avanzar más allá todavía, que quería darle la oportunidad a Osvaldo de que saliera y entrara de la clase cuando quisiera.

Cuando salía, podía estar con su mamá pero cuando decidía estar en la clase tenía que respetar la consigna, así fuera grupal. Esto era objetivamente posible porque la clase de teatro era de una hora semanal, y la madre siempre lo esperaba en la escuela.

Le expliqué que creía esto completamente necesario para la integración de Osvaldo al grupo. Que el teatro intrínsecamente es una actividad grupal, y que él quería integrarse pero no podía, y necesitábamos ayudarlo. Que él necesitaba el espacio de libertad para no hacerlo en caso de no quererlo y la contención de la madre por si no podía. Ella, sumamente confundida y contrariada con mi planteo, se negó completamente a llevar adelante mi propuesta.

Sacó al niño de la clase con actitud de no regresar. Pero a los 15 minutos regresó diciéndome que probáramos dos semanas, y acepté.

La experiencia fue corta, pero absolutamente valiosa. Le expliqué a Osvaldo individualmente el trato, y lo aceptó entusiasmado. Con el grupo no tuve problemas, simplemente expliqué que cada uno iba a tener diferentes 'regalos' según lo que necesitaba para aprender y sentirse mejor en la clase de teatro. Mencioné 'privilegios' de otros niños y todos entendieron automáticamente la razón de ese regalo a Osvaldo.

Para los niños fue más simple que para los adultos. Ninguno planteó salir de la clase también. La primera clase propuse un ejercicio colectivo. Osvaldo quiso salir y lo hizo contentísimo de poder hacerlo sin romper ninguna regla. Volvió al final de la clase cuando el ejercicio estaba hecho; quiso integrarse pero no pudo, se había perdido una parte del proceso y evidentemente lo registró.

La clase siguiente volví a plantear un trabajo grupal. Osvaldo pidió salir, le dije que sí pero dijo: 'Mejor me quedo, sino me pierdo el juego', y fue su primer ejercicio grupal.

Fue su elección, no mi imposición. La primera clase, la mamá se sintió decepcionada, pero siguió mi regla de contenerlo de una manera afectuosa y se sintió bien por haber encontrado otra forma de relacionarse con él.

Le pedí que tuviera paciencia y me recordó casi a modo de advertencia que sólo me quedaba una semana para mi experimento. No había nada que perder y mucho para ganar.

La segunda clase la mamá lo observó por la ventana, y no lo podía creer (ni yo tampoco). También me contó que había estado toda esa semana muy cambiado, 'para mejor', en la casa y en la escuela, ya que la maestra también le había dicho lo mismo de su comportamiento.

Luego detecté otros Niños Índigo menores que Osvaldo y con características menos acentuadas. Al hablar con sus padres, volvían a plantearme su confusión, el tema de los límites y la autoridad, la integración, la rebeldía, los diagnósticos médicos, la medicación, los tratamientos psicológicos y la ignorancia generalizada de los adultos que los rodean, que no podían relacionarse con ellos.

Algunos padres sacaron a sus niños de mis clases de teatro; observaban mis enseñanzas a través de ventanas con cortinas traslúcidas. No soportaron mis supuestas 'faltas de autoridad y límites' y que sus hijos no se integraran. Yo tuve que aceptar que era difícil que me entendieran y que el proceso era lento.

Algunos padres dejaron a sus Niños Índigo en mis clases, y lograron que hicieran grandes avances. Hoy, finalizando el año, puedo decir que tengo un grupo de teatro de niños trabajando para realizar su muestra con una creación colectiva. Los Niños Índigo o hiperkinéticos, o 'con dificultades', trabajan junto a los otros. Las diferencias se atenuaron para mí y para ellos.

Simplemente, aprendí que tengo un grupo de hermosos niños diferentes. Con diferentes problemáticas. Y que son ellos los que me piden a mí respuestas, me hacen cuestionar otras cosas, hacen que mueva mis estructuras y las estructuras de la escuela y del mundo de los adultos. Son ellos los que me plantean a mí, como docente y adulto, un ejercicio de vida."

Llega el "Niño Nuevo" de la hora once. Él será ya en el instante juego. ¡Él enseñará!

Psicografía de Benjamín Solari Parravicini (1972)

Capítulo 8
Construyendo un puente

"Lo que actualmente puede ser observado como imágenes en las familias y las escuelas, puede ser considerado como una protesta del alma humana: una protesta contra el mundo de los adultos."

George Kulhewind

Estamos en el umbral de un cambio de era. Tenemos la gran posibilidad de dar el salto a un mundo más espiritual y armonioso. Los niños necesitan que se cambie la forma de educarlos, así como los adultos necesitamos penetrar en el corazón de ellos para lograr una comprensión más integral de la humanidad, y de esa manera poder subir un escalón en nuestra propia evolución.

La educación necesita un nuevo enfoque, una nueva mirada para estar a la altura de las necesidades que traen los niños del siglo XXI. Es necesario integrar el arte, la espiritualidad y la autodisci-

plina para que puedan desarrollarse como seres humanos íntegros.

Debemos proveerlos de las herramientas necesarias y generar
un ambiente armonioso para que puedan conectarse fluidamente con su propia naturaleza y, a su vez, propiciarles el espacio
para crear sus propias realidades, conectándose con su sabiduría
interior.

Como padres o educadores debemos estar abiertos para una
comunicación real, escuchando todas las voces, señales y puntos de vista para lograr una apertura de conciencia. Los niños
nos exigen que elevemos los mecanismos familiares y educativos, ya que debido a su agudizada percepción, se dan cuenta
exactamente del instante en que se les miente, y les cuesta mucho sobrellevarlo.

Ellos necesitan un ambiente amable, contenedor y coherente,
en el que dejemos de lado los rótulos, las etiquetas y el doble
mensaje. Esto es beneficioso para ambas partes. También es necesario que se los valore individualmente, ya que cada uno tiene
la posibilidad de ofrecer algo diferente. Si les proporcionamos el
espacio para manifestar con libertad su individualidad e inte-
grarla en lo grupal, podremos enriquecernos mutuamente.

Como los padres ejercen una gran influencia, deben ser sumamente honestos, no mentirles ni ocultar su vulnerabilidad.
Mostrarles honestamente sus partes fuertes como también sus
propios temores y, sobre todo, darles el ejemplo de cómo se pueden sobrellevar y resolver las dificultades.

Hemos observado en muchos casos que niños con problemas de
conducta y agresividad resultaron ser poseedores de una gran

comprensión sobre temas relacionados con lo espiritual, o que tenían una gran conciencia ecológica y humanitaria.

Pero para que esta sabiduría fluya, necesitamos aprender a comunicarnos desde el corazón, abriendo un espacio para el diálogo. Cada persona es un ser único e irrepetible, pero el antiguo paradigma busca encasillarla dentro de un patrón de normalidad. Cuando el niño se siente incomprendido se desvaloriza, y bloquea sus dones naturales por miedo a ser diferente.

Esto genera un sentimiento de soledad y separación. Como adultos, les proyectamos todos nuestros deseos, lo que nos gustaría que fueran. Queremos que vean el mundo a través de nuestros ojos y que disfruten de lo mismo que nosotros, y a menudo les inculcamos nuestras propias frustraciones. Lo que en realidad necesitan es nuestra guía para desarrollar su propio pensamiento y ser los arquitectos de su propia realidad.

Para elevar la comunicación, debemos ser concientes de que no todos los seres humanos poseemos la misma capacidad de expresar nuestros verdaderos sentimientos. Por eso, debemos estar atentos sobre todo a los detalles, ya que en cada pequeña acción se esconde la necesidad de expresar algo.

Muchas veces nos preguntamos por qué un niño, adolescente o joven ha llegado a desarrollar conductas autodestructivas. Una persona, antes de llegar a abusar de las drogas o el alcohol seguramente ha dado innumerables señales que no fueron tomadas en cuenta, ya sea porque no pudimos o no quisimos verlas.

Los niños piden atención de la forma que pueden, y somos nosotros los que debemos abrir nuestro campo perceptivo para comprenderlos. Ellos son esponjas energéticas y debemos ayudarlos a expresarse, ya sea verbalmente o a través del arte, la pintura o la música. Esto los ayudará a saber diferenciar dónde termina su energía y dónde empieza la energía del ambiente, y a escuchar su voz interior y sentirse plenos.

Es importante, tanto para los adultos como para los niños, encontrarse con seres afines espiritualmente, ya que esto los ayudará a despejar la falsa idea de carencia y separación.

Los Niños Índigo llegaron para mostrarnos que el tiempo ha cambiado. En estos tiempos de transición, en donde el planeta se mueve del viejo paradigma hacia una conciencia de unidad, debemos tener confianza en que podremos cambiar y debemos saber que el cambio empieza por nosotros mismos.

Debemos aceptar las situaciones que se nos presentan, ya que son las ideales para nuestra propia evolución. Éstas no son muy importantes en sí mismas; lo que es realmente valioso es cuánto hemos aprendido por medio de ellas.

Con la llegada de esta nueva era, debemos plantearnos cuál es el lugar que ocupamos como seres humanos. A causa del egoísmo, la intolerancia y la incomprensión, hemos desarrollado mecanismos para protegernos del dolor.

Ha llegado el momento de desprendernos de tales mecanismos que no son sanos para nosotros mismos ni para los demás, y rescatar lo que hemos aprendido a través de ellos.

La llegada de los Niños Índigo nos mueve a hacer una revisión de nuestra propia niñez, y nos da la posibilidad de ser los artífices del cambio planetario. Estamos aquí para relacionarnos, ayudarnos, cuidarnos y comunicarnos. Junto a los niños podremos transformarnos en servidores de la humanidad, pero necesitamos conectarnos con la humildad y la simpleza, ya que les hemos dejado un mundo muy complejo. Ellos son los mensajeros del mañana y necesitan sentir la libertad que proviene de la simplicidad.

Cultivemos el arte de dar y recibir según las circunstancias. La mayor parte de las veces les damos a los niños lo que nosotros queremos y no lo que realmente necesitan. Sostenemos la falsa creencia de que ellos son los únicos que necesitan aprender y ser educados. De esta forma, nos quedamos estancados y nos desconectamos de nuestro niño interno.

Muchas veces caemos en la trampa de querer ayudarlos, como si conociéramos sus verdaderas necesidades, y no nos damos cuenta de que lo que necesitan de nosotros es simplemente cuidado, confianza y contención.

No hay nada que les facilite más el cumplimiento de su misión que nuestro propio cambio.

Como adultos, necesitamos recordar que somos los generadores de la realidad que nos rodea y debemos tener el coraje de sanarnos a nosotros mismos ya que lo que ocurre en este planeta no es otra cosa que el reflejo de nuestro propio corazón.

DESPERTANDO LA VIBRACIÓN ÍNDIGO EN NOSOTROS

Una vez que nos conectamos con la información sobre el tema índigo y descubrimos que muchos de los niños que nos rodean tienen estas características, ¿cuál es el próximo paso que debemos dar?

Para poder construir un puente entre ellos y nosotros en forma exitosa, debemos considerar el verdadero significado y función de la existencia de los Niños Índigo en nuestra vida y en el planeta.

Esencialmente, la presencia de estos niños nos ofrece un espejo que nos refleja las capacidades dormidas que tenemos en nuestro interior. Un potencial que está allí para que hagamos uso de él...

Hay mucho que podemos aprender de alguien que ha caminado por la Tierra mucho más tiempo que nosotros; sin embargo, hay aún mucho más que podemos comprender a través de un niño.

Una vez que nos demos cuenta de esto, habrá un cambio planetario de gran envergadura. Honrar la importancia de la existencia de estos niños y sus acciones es el punto de apoyo para el cambio de conciencia de la humanidad.

Estos niños están aquí para permitirnos descubrir nuestra propia Vibración Índigo. La pregunta que nos surge es: ¿cómo podemos hacer para activar esta energía en nosotros mismos?

En las palabras de Nina Llinares:

> "Todos tenemos la POSIBILIDAD de ser potencialmente Índigo. La frecuencia está ahí; todo depende del nivel de apertura al cambio que cada uno de nosotros esté dispuesto a asimilar. La Frecuencia Índigo está a nuestra disposición para que la integremos en nuestras vidas.
>
> Tengas la edad que tengas, cuanto mayor sea tu apertura

de conciencia, cuanto mayor sea tu capacidad para desarrollar la certeza de Tu Verdad, cuanto más confíes en las cualidades de tu hemisferio derecho... mejor integrarás la Frecuencia Índigo y contribuirás al cambio frecuencial de este plano y de este planeta.

Para ello es necesario estar bien enraizado, con los pies sobre la Tierra. Eso significa estar presente, aquí y ahora".

* Joaquín es un niño de tres años que vive en "La Cumbre", en la provincia de Córdoba, Argentina. Un día le dijo al padre que quería estar con él. En ese momento, el padre lo levantó en brazos, pero continuaba abstraído en sus propias preocupaciones. Entonces, el niño le volvió a insistir en que quería estar con él. Y el padre le respondió: "Pero si estoy aquí contigo, y te tengo en mis brazos". El niño le respondió: "Sí, pero quiero que estés conmigo".

Este ejemplo nos permite tomar conciencia de que muchas veces estamos presentes en apariencia pero no en forma íntegra y verdadera. Los niños que tienen un alto grado perceptivo nos lo muestran permanentemente. Muchas veces con sus acciones nos llaman la atención sobre este punto.

* Carmen Ormeño, como Adulta Índigo, nos propone estos ejercicios de su propia experiencia:

"¿Sentiste alguna vez la sensación de que estás flotando? ¿Y que caminar es pesado? ¿Y que los horarios son dificilísimos de cumplir? ¿Y que la distancia puede realmente ser sólo una ilusión? Les propongo algunos ejercicios para mantenerse activos, 'en la Tierra'. El aire es el ascensor del alma:

1- Respiración

Es fundamental para destrabar el cuerpo y tomar conciencia del flujo del aire. Hay centenares de ejercicios, pero creo que si van acompañados de la imagen todo resulta mejor. No creo que, para lograr que alguien que está sobreexcitado se relaje, haya que decírselo. Sobre todo si está con miedo o recelo; es más, traerá más miedo, aunque aparentemente en una capa muscular superficial pueda aflojarse o controle un poco su agitación. Es mejor pedirle que te cuente sobre experiencias agradables como sus hobbies en vacaciones o sus juegos de la infancia, que producirán naturalmente un alivio de la tensión.

2- Cómo pisar y no cansarse en el intento

Son útiles las artes marciales enfocadas como imágenes y formas del cuerpo para dirigir la energía, y no para luchar. Moverse por una causa y no "porque sí".

Es importante evitar el aburrimiento y el cansancio. Plantear el entrenamiento como una forma de autoconocimiento.

3- La imaginación

Todo acto de imaginación es la posibilidad de dar solución a un problema real o no, y siempre nos colocara en un lugar mejor. Habrá una nueva fuerza que conoceremos, desarrollaremos nuevas formas de acción y la posibilidad de recuperar nuestra conexión con el juego, la inocencia y la sencillez de comenzar, desarrollar, y darle fin a una acción para que empiece otra.

Buscar un buen estímulo (música, una imagen, un relato, lo que sea propicio para cada uno) y tomar la decisión de emprender un viaje. Por ejemplo: 'Entro al castillo encantado... Viajo al centro de la Tierra... Me transformo en un árbol...'.

La idea es que cada uno, al recorrer el viaje, pueda realizar con su cuerpo y su imaginación la maravillosa empresa de encender los tres "faroles" (cabeza, corazón y mano).

Sólo es posible si en el momento de hacerlo uno está comprometido, 'flojito', contento, o simplemente con la valentía de un viajero que tiene su pasaje pero desconoce lo que sucederá.

El tema es un punto de partida, un estímulo al corazón; uno sabe qué es lo que a uno le provoca taquicardia y entonces ahí es donde jugará.

Imaginar y pensar son dos formas distintas de apreciar la realidad, sólo que la primera, además, invita a disfrutar la experiencia sin juicio de valores.

Para lograr sintonizar con la energía de los niños y sus capacidades psíquicas, podemos jugar al siguiente juego:

> *- Cada uno a su turno debe pensar un color, verlo con el ojo de la mente y sentir ese color en el cuerpo. Puede repetir el nombre del color mentalmente. Luego, debe enviar todo lo que sienten, ven, escuchan y huelen sobre ese color al tercer ojo (el punto entre los ojos) del compañero, y al centro cardíaco. El compañero sintoniza con el color a través de sus sentidos. Deben permitir que el receptor comparta*

Niños Índigo

*lo que ha captado del color que le han enviado y
que luego diga qué color era.*

Esto puede llevar un tiempo de práctica pero pueden estar seguros de que se van a divertir. También se puede hacer con animales, deportes, palabras y formas".

* Barbra Gilman es una terapeuta que se dedica a ayudar a los padres a sanar las heridas de su propia niñez. Sugiere algunas preguntas y técnicas que pueden ayudar a mejorar la relación con nuestros hijos. Según ella, debemos preguntarnos:

"¿Qué puedo hacer para cambiar mi perspectiva de la situación? ¿Qué puedo hacer para cambiarme a mí mismo con relación a este tema? ¿Qué están tratando de enseñarme mis hijos?

Invoca a tu hijo en tus meditaciones y comunícate con él. Rodea a tu hijo con luz blanca y entrégalos al bien mayor".

Debemos mirar hacia nuestro interior. Estos niños vienen a enseñarnos la integridad: esto no es otra cosa que vivir de acuerdo a nuestra verdad interior. ¿Cómo conectarnos con esa voz interna?

1- Aquietarse

Tranquilizar la mente. Dejar de pensar. La idea es estar atentos a nuestra propia conciencia, a nuestro propio interior. Cuando nos acostumbramos a aquietarnos, podemos tranquilizar nuestro hogar y, en consecuencia, tenemos otro espacio interno para percibir lo que pasa en él.

2- Creer

Cuanto más creamos en nuestra voz interna, mas capaces seremos de recibir. Si somos capaces de creer en nosotros, podremos creer en nuestros hijos.

3- Preguntar

Primero preguntar y luego permitirse recibir. Hacerse tiempo y espacio para hablar con el yo interior. Es mejor saber hacer las preguntas correctas que tener las respuestas correctas. Cualquier adulto tiene respuestas. Por eso los niños preguntan y lo hacen con inocencia pero con eficacia, porque esas preguntas les permiten aprender. De ahí que los adultos debemos preguntar más.

4- Escuchar

Los mensajes llegan en formas de palabras, símbolos, reacciones físicas, etc. Escuchar nuestra voz interior es más fácil de lo que creemos. Cuando aprendemos a conocer nuestras reacciones interiores e imágenes, es probable que aprendamos a leer las actitudes de los otros, sin que medie palabra alguna. Saber interpretar el idioma de los gestos o el lenguaje corporal es esencial para la comunicación con los niños.

5- Confiar

Tenemos que confiar en las señales, cualquiera sea la forma en que se presenten. Confianza implica fe, seguridad. La misma fe que depositaremos en nuestros hijos.

* Sarah Wood, ex maestra, fundadora de la Red Índigo ("The Índigo Network") que en la actualidad se dedica a enseñar técnicas de meditación a niños con problemas de hiperactividad o con falta de atención, nos propone los siguientes pasos para activar la Vibración Índigo en nosotros:

- Primer paso

Primero debemos estar anclados. La Vibración Índigo tiene una frecuencia muy elevada, que crea grandes movimientos de energía. Quien no está acostumbrado a esta vibración puede sentirla como un gran oleaje. Además, como vivimos en un mundo dual, debemos comprender la importancia de los opuestos. Cuanto más enraizados estemos, más fácil será fluir. El juego de sostener y soltar es lo que crea el portal para la nueva vibración.

Enraizarse es fácil y se incrementa con la práctica. El secreto está en realizar una pequeña meditación diaria (ver "Anclaje" en el Capítulo 6). Si realizamos estos ejercicios regularmente durante 10 minutos diarios, notaremos grandes cambios en la vida cotidiana.

- Segundo paso

Es importante que tomemos conciencia de nuestro propio sistema de creencias y saber que éste da origen a nuestra realidad. Hay muchas técnicas para descubrir cuál es. Una opción es el testeo muscular y la decodificación de la memoria celular, que nos dan la posibilidad de descubrirlo y de modificarlo.

Debemos reflexionar sobre las elecciones y decisiones que hemos tomado en nuestra vida, tanto sobre nosotros como sobre nuestra actitud respecto de los demás. También, quiénes o qué tuvieron influencia en estas decisiones. Constantemente tomamos información de otras fuentes, pero somos nosotros los que finalmente creamos nuestras propias creencias. No obstante, necesitamos aprender a pensar en forma independiente para fortalecer nuestra Vibración Índigo.

- Tercer paso

Al dejar ir todas las creencias, la verdad surgirá por añadidura. Debemos descubrir nuestros apegos y tomar conciencia de nuestras creencias, y luego ver qué sucede.

- Cuarto paso

Ahora que estamos en el camino para liberar todas las creencias que nos limitan, tenemos que evitar adquirir nuevas. Esta práctica cierra el círculo del Fenómeno Índigo. Por definición, un Niño Índigo tiene la capacidad de elevarse por sobre los condicionamientos sociales. En otras palabras, los seres (tanto niños como adultos) que llevan esta frecuencia son capaces de establecer creencias basadas en su sabiduría interna, en oposición a las circunstancias externas. ¿Qué pasaría si supiéramos que todo lo que hacemos es correcto porque está de acuerdo a nuestro corazón?

Ésta es la capacidad más poderosa que podemos experimentar en esta era. Los Niños Índigo nos producen una revolución interna, que lentamente se va introduciendo en la sociedad.

Ellos están aquí porque los hemos manifestado. Y lo hemos hecho porque queremos conocer la parte de nosotros mismos que está en resonancia con la naturaleza, que quiere comunicarse "corazón con corazón", y liberarse de un sistema que ha tapado el verdadero propósito por el cual hemos venido a la Tierra.

* Patricia Skurck, especialista en biología molecular y madre de dos niños con características Índigo, comparte con nosotros su experiencia:

> "Hasta el día en que nació mi segundo hijo, sabía matemáticas simples: 2 + 2 me daba como resultado siempre 4. Dentro de este esquema, mi vida como mamá casi era una panacea. Pero como la naturaleza es sabia, y un poquito cruda quizás para las enseñanzas, nació mi segundo hijo... Ese pequeño al que no pude predecir. Me exige desde entonces y cada día, revisar cuánto suman 2 + 2, ya que mis certezas me resultan ahora relativas.

> 'Doctor, mi bebé no duerme, no sé que le pasa', digo preocupada, expectante, y muy cansada. Estoy buscando ayuda, respuestas, orientación. No las encuentro. Me llamaba la atención que su sistema inmunológico estuviera muy excitado. Ganglios muy grandes, casi todo el tiempo de vida. Mucha vitalidad y buen humor, pero en un chiquito de meses, con su organismo en alerta inmunológica, es decir, defendiéndose en forma aumentada contra virus, bacterias y demás sustancias del ambiente, a los que era muy sensible.

> Me pedía que le sacara las etiquetas de la ropita, desde que tenía un año. Reaccionaba a las picaduras de los mosquitos domésticos tan amplificadamente que le quedaba una cicatriz de tejido necrótico por semanas. Otitis media serosa crónica, picaduras, llanto.

El pediatra, de orientación formal, opta por fármacos mo-
duladores de la respuesta inmune, antibióticos preventivos,
pero yo no veo cambios. Quizás alguna de ustedes, en especial las mamás, hayan percibido con cuánta frecuencia
muchos profesionales de la salud adjudican una característica observada en un niño a la cantidad o calidad de
afecto que su mamá siente por él.

He aquí un punto interesante, que me mueve a una reflexión aparte. Supongamos por un momento que es cierto
y también supongamos que no lo es. Si el pequeño está
sufriendo y algo de su mamá es la posible causa, ¿por qué
diagnosticar y medicar al pequeño?

En este caso, el foco de atención apuntaría a asistir a la
mamá, o bien sería de esperar una atención conjunta, que
ayude a recuperar y afianzar el vínculo natural madre-hijo.

'Doctor, consulto por mi hijo porque en el Jardín de Infantes no habla. Y en casa habla poco, sólo cuando quiere.'

Tomo la primera decisión personal. Salgo de la medicina
del fármaco y empiezo a atenderlo con homeopatía. En
20 días de tratamiento, sus oídos se curan, empiezan a
ceder los ganglios aumentados de tamaño, y yo empiezo
a respirar un poco más tranquila. Resultados: eso es lo que
busco, más allá del conocimiento que tenga de los princi-
pios de las diferentes disciplinas médicas. Yo necesito
resultados.

Y empiezo así una larga y penosa recorrida por 'especialistas', tanto dentro de las visiones ortodoxas como de las
medicinas naturales o alternativas. El problema del habla

se profundiza aún más y su comportamiento se torna cada vez más incontrolable para él mismo. Me decía: 'Mamá, vamos a casa', y se encerraba en sí mismo. '¿A casa?', me preguntaba. '¿Cuál casa?'

Aislada, muchas veces hipersensibilizada, sigo sin guía externa para soluciones más profundas. Notaba que muchos estímulos del ambiente externo, ya sean sonidos eléctricos de juguetes, aglomeraciones de gente, ambientes muy grandes y cerrados como cines y circos, alteraban a mi hijo. No lograba expresarse verbalmente, pero empezaba a actuar agresivamente. De alguna manera, recibía más variedad de estímulos, o en forma aumentada. Lo único de lo que estaba segura era de que él estaba sufriendo.

Y tomo la segunda decisión personal: si este mundo es un lugar muy agresivo para mi chiquito, entonces, a tanto sufrimiento lo balancea muchísimo placer. ¿Qué es lo que más disfruta? El agua. Y vamos juntos.

La pileta es para disfrutar, nada de técnica natatoria, sólo juego. Allí descubro dónde no tiene prisas y es atento a todo. Nadador nato, salta del trampolín sin miedo alguno. Voy como ballena lenta y veo que mi ballenato me sigue. Somos marinos, somos mar. Recupera la sonrisa plena.

Pero cada tanto vuelvo a escuchar el mismo pedido: 'Mamá, vamos a casa'. A este camino de reencuentro con la alegría y el placer, se le superponen varios diagnósticos presuntivos, varios rótulos precisos. No hay causas conocidas para estos diagnósticos, pero sí muchas instituciones que se dedican a atender a 'estos chicos', como se los llama. Como muchos supuestos se toman como hechos, esta posición me resulta poco profesional. Soy científica, y sé que la ciencia no provee certezas. Es mejor dudar.

Durante años trabajé dentro del sistema de salud como paramédica, en hospitales públicos y privados, en Buenos Aires, particularmente con niños. Tuve la oportunidad de licenciarme en Ciencias Biológicas, en el área de Genética Molecular y Biotecnología, y este camino de información y experiencia laboral me ha resultado como la masa de mi torta personal, pero sin cocinar.

'Él no tiene problemas, hace lo que quiere. El problema lo tenemos nosotros porque queremos que haga otra cosa', comenta el abuelo, observador y sabio. Secretamente me pregunto cómo será hacer sólo lo que quiero. '¿Un Niño Índigo? ¿Cómo es eso?'

Y la masa de la torta empieza a cocinarse. Las lecturas me ofrecen otro ángulo más de observación; hay más de lo que yo puedo alcanzar a ver. Otra vez pienso en su vida completa, desde el nacimiento, y la historia de sus cuatro años de vida adquiere una perspectiva diferente. Cada día que pasa soy más observadora. Descubro así otra hebra gruesa del lazo más allá de las palabras. Mi hijo lee mis emociones.

'No llores, mamá', me decía una y otra vez, cuando estaba enojada. Repetía esta frase hasta que efectivamente la emoción me surgía, y yo empezaba a llorar. Me fui dejando guiar por sus frases aparentemente incoherentes, descubriendo cuál era el verdadero motivo de su enojo, y muchas de mis tristezas se fueron con mis lágrimas.

Simular alegría o seguridad, no es fácil, menos frente a un "técnico especialista en radiografía sensitiva". El fondo es lo que cuenta y la superficie es mera decoración. Voy comprendiendo paso a paso qué significa ser auténtico.

'Mamá, ¿qué significa ser mamá? No, no me abraces, así no, decímelo con palabras', me dice mi hijo mayor. No tengo descanso. Tengo que encontrar mi síntesis personal para esta respuesta.

Será que no conozco otra forma de aprender a vivir que haciendo, igual que aprender a caminar: pasos acertados y pasos equivocados. Con tres años, mi chiquito arma rompecabezas de 60 piezas... y al revés: la imagen queda debajo. ¿Cómo hace? Está con psicoterapeuta ortodoxo, quien no tiene una explicación para esto, pero tampoco la busca.

De pronto, a los 4 años, como haciendo un trabajo conmigo, comienza a apretarme ciertos puntos de mi cuerpo, sistemáticamente. Siempre los mismos: la frente, un punto en la cabeza, otro en mi pecho. Todo sin palabras, sólo presión con su dedito. Decido practicar reiki, y trato de darle a él dormido, pero descubro que percibe algo y se despierta. Creo que las cualidades vibratorias naturales que tiene, son más sanadoras que las que puedo canalizar yo.

Entonces empiezo a practicarme reiki a mí misma. Para mi sorpresa, los puntos señalados por mi hijo son los más necesitados de energía. Esto significa que en su mundo de percepción, hay personas con puntos energéticos visibles. Es un mundo diferente al que yo veo, pero también es el mismo.

Resuelvo amplificar mi mundo de percepción; busco acercarme al suyo. Desde entonces, tenemos mejor vínculo y comprendo mucho más su mundo, porque también es el mío. De modo que voy cambiando mi propio eje individual.

'Señora, su hijo padece de un trastorno de desarrollo.' 'Señora, su hijo tiene ADHD.' 'Señora, su hijo está contaminado con metales pesados.' 'Señora, su hijo necesita...'

Son demasiados caminos que se abren desde este punto, no sé cuál elegir. Sigo, sobre todo con la alegría, siempre el juego, y juntos. La percepción del entorno puede ser amenazante; pero él y yo somos aliados. Llegará el momento en que podamos cortar nuestro cordón, es preciso llegar a casa, también en la Tierra. Y un buen día, puedo comprender profundamente qué significa para mi chiquito, aquello de ir a casa.

Y digo las palabras mágicas sinceras: 'Hijo, a mí también me cuesta estar acá, pero ésta también es nuestra casa'. Desde entonces, estamos en vías paralelas, pero de a poco, ambos hacemos el cielo que necesitamos traer aquí. Parece que aprendí la lección, pues la sugerencia de volver a casa no se repitió desde entonces.

Les digo que es cierto, y sería maravilloso que mi hijo tuviera todo lo que necesita. Necesita en primer lugar que alguien más que quienes lo amamos, lo acepte como un ser humano único, con un nombre propio que le es permanente, porque los diagnósticos pasan...

Necesita en mundo donde no haya contaminación ambiental, igual que todos nosotros. Necesita gente que no lo trate de encuadrar en algún marco de conocimiento fijo, porque la naturaleza es más sabia que cualquiera de nosotros individualmente. Todos estamos moviéndonos por fuerzas más grandes que nuestra comprensión teórica y vivencial. El orden está en el conjunto.

Según mi punto de apreciación de ese conjunto, hoy estamos dentro de una crisis evolutiva, es decir, estamos forzados a hallar un nuevo equilibrio, que tiene una expresión en los vínculos interpersonales, y por extensión en las estructuras sociales: familia, escuela; sociedad. Así también, en el mundo orgánico, el estado de equilibrio que llamamos salud, se está moviendo. Ser más sensible implica captar con mayor amplitud el estado de desorden imperante.

¿Y qué hacemos los padres con niños que perciben más que nosotros? Ésta es una decisión personal con muchas implicancias, tanto para la vida de los chicos como para la de los padres mismos. Si acompañamos la individualidad de cada hijo, reconoceremos en nosotros muchas creencias personales que tendremos que modificar para darles a ellos la oportunidad de expresar su naturaleza.

El "Niño Nuevo" dirá: Padres míos, yo soy en ustedes, y ustedes en mí, para llevar renovación al mundo caduco, y el mundo en la hora "doce" será.

Psicografía de Benjamín Solari Parravicini (1972)

Capítulo 9
Vislumbrando el futuro

La misión principal de los Índigo es cambiar la sociedad, y hacer un mundo más apropiado para la remesa de niños que vendrán después: los Niños Cristal.

-¿Quiénes son los Niños Cristal?

Reciben ese nombre por su alta vibración y no por el color de su aura. Su capacidad de amor está más allá de lo que podamos comprender. Ellos traerán al planeta la comprensión de la conciencia de Unidad.

* En una entrevista, se mantuvo el siguiente diálogo con el educador español José M. Piedrafita Moreno, quien se define como Adulto Índigo:

—Si los Niños Índigo están para romper estructuras, ¿los Cristal para que se entiende que están?

—*La Vibración Cristal es muy fácil de explicar. Imagínate que tienes aquí mismo a Jesucristo, a Maitreya, a Mahoma, a Buda.*

Son todos vibración de Dios pura, de una pureza impresionante. Vienen a armonizar, a traer ese amor. Los Niños Cristal, con su sola presencia, curan, si bien no es una palabra adecuada. Armonizan todo tu ser. Me atrevo a decir que el contacto que tuve con uno armonizó mi ser de una forma que nunca había sentido.

La proporción de los Niños Cristal es muy pequeña todavía; irán viniendo a medida que toda la energía del planeta se vaya limpiando...

Los tiempos por venir están llenos de posibilidades. Imaginemos un tiempo en el que el mayor potencial de la abundancia fluya libremente. Imaginemos un tiempo en que cada persona pueda ver los pensamientos de los otros y pueda sentir el interior del corazón de los demás.

Soñemos con un tiempo en el que sólo tengamos que sostener un pensamiento para generar en un instante las creaciones más maravillosas.

Despertemos del sueño. Abramos nuestro corazón y escuchemos el mensaje de los niños. Ha llegado el tiempo de transformar el sueño en realidad.

El "Niño Nuevo" tomará conciencia al nacer del mundo en su hora; porque sabrá desde el día de su concepción, y porque traerá certeza de su deber misionero: ¡Enseñar!

Psicografía de Benjamín Solari Parravicini (1972)

Bibliografía e información recomendada

– Carroll, Lee y Tober, Jan, *Los Niños Índigo*, Ediciones Obelisco, España, 2001.

– Llinares, Nina, *Niños Índigo. Guía para padres, terapeutas y educadores*, Ediciones Expo-Ser, México, 2001.

– Piedrafita Moreno, José Manuel, *Niños Índigo: Educar en la nueva vibración*, Ediciones Vesica Piscis, España, 2001.

– Solari Parravicini, Benjamín, *El testamento profético*, Editorial Kier, Buenos Aires, Argentina, 2001.

DIRECCIONES ÚTILES EN INTERNET

http://www.hermandadluzazul.org.ar
http://www.indigochild.net
http://www.geocities.com/elclubdelosniñosindigo
http://www.conates.tripod.com.ve/ninos_indigo/index.html
http://www.metagifted.org
http://www.indigokinder.de/die_indigo_kinder_espanol.htm

Si quieren comunicarse con nosotros para compartir alguna experiencia pueden hacerlo a: *vibracionindigo@yahoo.com.ar,* o *entrar en nuestra web: www.vibracionindigo.8m.com*

Índice

Este libro se terminó de imprimir
en noviembre de 2003.Tel.: (011) 4204-9013
Gral. Vedia 280 Avellaneda
Buenos Aires - Argentina

Tirada 3000 ejemplares